*Para*

*com votos de paz.*

CB015640

# DIVALDO FRANCO
### Pelo Espírito JOANNA DE ÂNGELIS

# APÓS A TEMPESTADE

Salvador
12. ed. – 2023

COPYRIGHT © (1974)
CENTRO ESPÍRITA CAMINHO DA REDENÇÃO
Rua Jayme Vieira Lima, 104
Pau da Lima, Salvador, BA.
CEP 412350-000
SITE: https://mansaodocaminho.com.br
EDIÇÃO: 12. ed. (3ª reimpressão) – 2023
TIRAGEM: 1.000 exemplares (milheiro 70.700)
COORDENAÇÃO EDITORIAL
Lívia Maria C. Sousa

REVISÃO
Adriano Ferreira · Manoelita Rocha
CAPA
Cláudio Urpia
MONTAGEM DE CAPA
Eduardo Lopez
EDITORAÇÃO ELETRÔNICA
Eduardo Lopez
COEDIÇÃO E PUBLICAÇÃO
Instituto Beneficente Boa Nova

PRODUÇÃO GRÁFICA
LIVRARIA ESPÍRITA ALVORADA EDITORA – LEAL
E-mail: editora.leal@cecr.com.br

DISTRIBUIÇÃO
INSTITUTO BENEFICENTE BOA NOVA
Av. Porto Ferreira, 1031, Parque Iracema. CEP 15809-020
Catanduva-SP.
Contatos: (17) 3531-4444 | (17) 99777-7413 (WhatsApp)
E-mail: boanova@boanova.net
Vendas on-line: https://www.livrarialeal.com.br

Dados Internacionais de Catalogação na Publicação (CIP)
(Catalogação na fonte)
BIBLIOTECA JOANNA DE ÂNGELIS

F825  FRANCO, Divaldo Pereira. (1927)

     *Após a tempestade.* 12. ed. / Pelo Espírito Joanna de Ângelis [psicografado por] Divaldo Pereira Franco, Salvador: LEAL, 2023.
     144 p.
     ISBN: 978-85-8266-129-1

     1. Espiritismo 2. Psicografia 3. Reflexões morais
     I. Franco, Divaldo II. Título

CDD: 133.93

Bibliotecária responsável: Maria Suely de Castro Martins – CRB-5/509

DIREITOS RESERVADOS: todos os direitos de reprodução, cópia, comunicação ao público e exploração econômica desta obra estão reservados, única e exclusivamente, para o Centro Espírita Caminho da Redenção. Proibida a sua reprodução parcial ou total, por qualquer meio, sem expressa autorização, nos termos da Lei 9.610/98.
Impresso no Brasil | Presita en Brazilo

# Sumário

*Após a tempestade...* 7
1. Calamidades 11
2. Desprezo à fé 15
3. Poluição e psicosfera 19
4. Paixões 25
5. Filhos ingratos 29
6. Sexualidade 33
7. Delinquência, perversidade e violência 39
8. Alucinógenos, toxicomania e loucura 47
9. Viciação alcoólica 53
10. Anticonceptivos e planejamento familiar 57
11. Infortúnios 63
12. Aborto delituoso 67
13. Desquite e divórcio 71
14. Eutanásia 77
15. Pena de morte 83
16. Adversários 89
17. Doenças mentais e obsessões 93
18. Suicídio 99
19. As guerras 105
20. Crendices e superstições 109
21. Exorcismos 113
22. Fantasias espirituais 117
23. Desencarnação 121
24. Os novos obreiros do Senhor (Labor em equipe) 127

# Após a tempestade...

A Ciência, aliada à tecnologia, prognosticou para o homem dias de fartura e conforto, facultando-lhe o gáudio de incomparáveis voos pelos céus da felicidade.

Fascinados pelas perspectivas fantásticas do poder, os técnicos de todos os matizes, mais preocupados com o imediatismo objetivo, olvidaram que as edificações que se destinam ao homem e, consequentemente, à Humanidade, não podem prescindir dos valores do espírito, das expressivas contribuições éticas relevantes, sobre as quais – pedras angulares que são – podem ser realizadas com êxito as construções legítimas, sem os perigos que ameaçam as demais realizações de natureza utopista, porque transitórias.

A conquista do espaço, com as possibilidades viáveis de mais audaciosos passos na direção de outros mundos, de forma alguma produziu a cobiçada realização interior dos habitantes da Terra...

Os extraordinários avanços da Medicina, diminuindo incontáveis problemas, abrem portas ao conhecimento de outras inúmeras e complexas desordens orgânicas e psíquicas com que a criatura se vê a braços, sem meios de solução em curto prazo.

As doutrinas educacionais, produzindo experiências válidas e alentadas, não obstante assessoradas pela Psicologia e por notáveis matérias auxiliares, renovando cada dia sua metodologia aplicada, padecem perplexidade ante o malogro dos resultados esperados, em face do despautério da juventude, sua alucinação, suas frustrações, gerando suas temeridades, sobressaltos que alarmam pedagogos e psicólogos em relação às futuras gerações...

Soluções apressadas surgem de todo lado, colimando insucesso quando aplicadas aos múltiplos problemas que agitam as nações, as comunidades, os homens...

Tempestades morais, econômicas, sociais rugem ameaçadoras em toda parte.

As ondas eriçadas do oceano da Humanidade estão cobertas por cirros borrascosos, nos céus da atualidade.

A Terra parece gigante nau batida, e as criaturas aturdidas estertoram, choram, gritam, esbravejam... e oram.

A falência do materialismo é evidente. Responsável pelo estado atual das gentes e da civilização, após galvanizar por pouco as multidões, empalidece, bruxuleia e logo morrerá...

Após a tormenta, porém, a bonança abençoada da paz.

Só o amor, conforme ensinou e viveu o Cristo – manjar divino e preciosa linfa –, resolverá os magnos e angustiantes tormentos humanos. Fará que as criaturas todas compreendam que somente por meio do auxílio recíproco se poderão salvar; que não há dores isoladas, porquanto os distúrbios de cada um produzem os desequilíbrios do conjunto; que a felicidade não pode ser aquisição egoísta, desde que é improvável o júbilo de alguém cercado pelas lágrimas de muitos; que a esperança emule os jovens na marcha para o progresso, arrimando-os em sadia fraternidade com que se alçarão aos misteres elevados da existência.

# Após a tempestade

*Um amor igual ao que fez o príncipe Siddhartha renunciar ao luxo e dar-se à meditação, à fraternidade; que incitou Francisco de Assis ao matrimônio com a pobreza e à humildade, restaurando nos Espíritos a pureza da fé; que convidou Gandhi à cruzada da "não violência" e Schweitzer à abnegação pelos irmãos enfermos em Lambaréné...*

*Amor que ergueu apóstolos da renúncia e sacerdotes da Ciência nobre, missionários da caridade e santos do sacrifício, ases da realização superior e protótipos do pensamento filosófico libertador, titãs da fé religiosa e heróis da fraternidade, quando as guerras lamentáveis, a corrupção e as maldades ameaçavam, destruidoras...*

*De entre os destroços morais que representam a falsa cultura materialista, do meio das misérias sociais que amesquinham e aparvalham, o amor traz de volta aos ouvidos humanos a doçura das Bem-aventuranças, na sua preciosa síntese de sabedoria e beleza, convertendo-se no cântico jubiloso dos que esperam fruir as horas ditosas que já se estão anunciando desde agora.*

*O Evangelho – código moral de valor incomparável – em toda a sua pureza, consoante o restauram os Espíritos do Senhor, no pórtico da Era Nova, penetrará, por fim, as almas, tornando-se o Estatuto seguro e indiscutível para as nações e os homens.*

*As páginas que constituem este livro examinam alguns dos temas palpitantes da atualidade, que mais conflitos vêm criando, gerando debates acirrados e complexos estudos.*

*Nada traz de excepcional a nossa contribuição, nem padecemos da jactância arrogante dos que se supõem doutos ou sábios. Resulta de demoradas meditações e estudos do* lado de cá, ouvindo preciosas instruções de venerandos trabalhadores recém-chegados e de outros que se encontram em preparação para o retorno ao orbe, da comparação entre os textos do Evangelho e da Codificação Espírita de que Allan Kardec foi o instrumento elegido pelo Senhor.

Estudando cada assunto, conforme a pauta dos debates entre os irmãos encarnados, pretendemos de alguma forma cooperar para a mais rápida mudança das condições morais e espirituais da Terra, nossa mãe generosa, onde nos empenhamos para a ascensão e em cujo seio, no momento, transitam almas queridas, que nos indagam, interrogam, solicitando alvitres, opiniões e respostas que as tranquilizem e confortem durante estes dias de tempestades.

É um ensaio a mais ao lado dos múltiplos estudos sérios que examinam os graves problemas abordados, que tratamos com leveza e simplicidade, utilizando as lentes do amor ao próximo e da fé em Deus.

Nenhuma aspiração intelectualista, presunção nenhuma.

Insignificante participação pessoal, objetivando o bem de todos, que um dia nos unirá como irmãos no Grande Bem.

Salvador, 10 de abril de 1974.

JOANNA DE ÂNGELIS

# 1

# Calamidades

Com frequência regular, a Terra se faz visitada por catástrofes diversas que deixam rastros de sangue, luto e dor, em veemente convite à meditação dos homens.

Consequência natural da Lei de Destruição que enseja a renovação das formas e faculta a evolução dos seres, sempre conseguem produzir impactos, graças à força devastadora de que se revestem.

Cataclismos sísmicos e revoluções geológicas que irrompem voluptuosos em forma de terremotos, maremotos, erupções vulcânicas, obedecem ao impositivo das adaptações, acomodações e estruturação das diversas camadas da Terra, no seu trânsito de *mundo expiatório* para *regenerador*.

Tais desesperadores eventos impõem ao homem invigilante a necessidade da meditação e da submissão à Vontade Divina, que resultam em transformações morais que o incitam à elevação.

Olhados sob o ponto de vista espiritual, esses flagelos destruidores têm objetivos saneadores que removem as pesadas cargas psíquicas existentes na atmosfera, que o homem elimina e aspira, em contínua intoxicação.

Indubitavelmente trazem muitas aflições pelos danos que se demoram após a extinção de vidas, arrebatadas coletivamente, deixando marcas de difícil remoção, que se insculpem no caráter, na mente e nos corpos das criaturas.

Algumas outras calamidades, como as pestes, os incêndios, os desastres de alto porte são resultantes do atraso moral e intelectual dos habitantes do planeta, que, no entanto, constituem-lhe desafios que no futuro podem remover ou deles precatar-se.[1]

As endemias e epidemias que varriam o planeta no passado, continuamente, com danos incalculáveis, em grande parte são, hoje, capítulo superado graças às admiráveis conquistas decorrentes da *revolução tecnológica* e da abnegação de inúmeros cientistas que se sacrificaram para a salvação das coletividades. Muitas outras, que ainda constituem verdadeiras catástrofes, caminham para oportunas vitórias do engenho e da perseverança humana.

Há, também, aquelas resultantes da imprevidência, da invigilância, por meio das quais o homem irresponsável se autopune, mediante os rigores dos sofrimentos decorrentes das desencarnações precipitadas, através de violentos sinistros e funestas ocorrências...

Pareceriam desnecessárias as aflições coletivas que arrebatam justos e injustos, bons e maus, se olhados os saldos precipitadamente. Conveniente, todavia, refletir quanto à justeza das Leis Divinas, que recorrem a métodos purificadores e liberativos que os infratores e defraudadores das leis e da ordem não se podem furtar ou evitar.

---

1. À véspera havia irrompido, em São Paulo, o incêndio do Edifício Joelma, que arrebatou mais de 170 vidas e revelou alguns heróis – 02.02.1974. (nota da autora espiritual).

Comparsas de hediondas chacinas; grupos de vândalos que se aliciam na desordem e usurpação; maltas de inveterados agressores que se identificam em matanças e destruições; corsários e marinhagens desvairados em acumpliciamentos para pilhagens criminosas; soldadesca mercenária, impiedosa e avassaladora, que se refestela, brutal, na inocência imolada selvagemente; incendiários contumazes de lares e celeiros, em hordas nefastas e contínuas; bandos bárbaros de exterminadores, que tudo assolam por onde passam; cúmplices e seviciadores de vítimas inermes que lhes padecem as constrições danosas; pesquisadores e cientistas impenitentes, empedernidos pelas incessantes experiências macabras de que se nutrem em agrupamentos frios; legisladores sádicos e injustos que se desforçam nas gerações débeis que esmagam; conquistadores arbitrários, carniceiros, que subjugam cidades nobres, tornando suas vítimas cadáveres insepultos, enquanto se banqueteiam em sangue e estupor; mentes vinculadas entre si por estranhas amarras de ódio, ciúme e inveja que incendeiam paixões são reunidas novamente em vidas futuras, atravessando os portais da Imortalidade, através de resgates coletivos, como coletivamente espoliaram, destruíram, escarneceram, aniquilaram, venceram os que encontravam à frente e consideravam impedimentos à sua ferocidade e barbaria, vandalismo e estroinice, a fim de que se reajustem, no concerto cósmico da Vida, servindo também de escarmento para os demais, que, não obstante, comovem-se ante as desgraças que os surpreendem, cobrando-lhes as graves dívidas, prosseguem, atônitos e desregrados, em atitudes infelizes sem que lhes hajam constituído lições valiosas, capazes de converter-se em motivo de transformação interior.

Construtores gananciosos que se fazem instrumento para cobranças negativas, maquinistas e condutores de veículos, displicentes, que favoreçam tragédias volumosas, homens que vendem a honradez e sabem que determinadas calamidades têm origem nas suas mentes e mãos, embora ignorados pela justiça humana, não se furtarão à Consciência Divina, neles mesmos insculpida, que lhes exigirá retorno ao proscênio em que se fizeram criminosos ignorados para tornar-se heróis, salvando outros e perecendo, como necessidade purificadora de que se alçarão, depois, à paz.

Não constituem castigos as catástrofes que chocam uns e arrebatam outros, antes significam justiça integral que se realiza.

Enquanto o egoísmo governe os grupos humanos e espalhe suas torpes sementes, em forma de presunção, de ódio, de orgulho, de indiferença à aflição do próximo, a Humanidade provará a ardência dos desesperos coletivos e das coletivas lágrimas, em chamamentos severos à identificação com o bem e o amor, à caridade e ao sacrifício.

Como há podido pela técnica superar e remover vários fatores de calamidades, pelas conquistas morais conseguirá, a pouco e pouco, suplantar as exigências transitórias de tais injunções redentoras.

Não bastassem as legítimas concessões do ajustamento espiritual, as calamidades fazem que os homens recordem o poder indômito de forças superiores que os levam a ajustar-se à sua pequenez e emular-se para o crescimento que lhes acena.

Tocados pelas dores gerais, partícipes das angústias que se abatem sobre os lares vitimados pela fúria da catástrofe, ajudemo-nos e oremos, formando a corrente da fraternidade santificante e, desde logo, estaremos construindo a coletividade harmônica que atravessará o túmulo em paz e esperança, com os júbilos do viajor retornando ditoso à Pátria da ventura.

# 2

# Desprezo à fé

Aos múltiplos séculos de obscurantismo e prepotência da *fé cega*, somam-se as graves transformações que ora se verificam no comportamento humano, embora as exuberantes conquistas da inteligência que parece haver solucionado os magnos problemas da vida. Como decorrência, talvez, das aquisições tecnológicas dos últimos tempos, no fantástico esforço de vencer os obstáculos ao conforto e resolver as dificuldades comuns no processo de evolução a que a ignorância concedia títulos de sobrenatural, o ceticismo irrompeu e ora se manifesta em ditadura de consequências insuspeitadas, merecendo terapêutica ética preventiva capaz de estancar a onda avassaladora de cinismo e despautérios que se alastra, soberana.

Incapazes de estimular as conquistas da razão, pelo receio de perderem a supremacia do controle que mantinham e aferrados a princípios espúrios, religiosos imprevidentes acreditaram ser mais eficiente engendrar o temor do que cultivar o amor nos corações.

Inconscientes e dúbios quanto às *verdades* que ensinavam, por serem destituídos de fé legítima os dogmas que impunham, infundindo receios, supunham que a vida prosseguiria sob sua tutela, qual nau à matroca em proceloso oceano desconhecido...

Dessa forma, não podiam conceber que Deus, em momento próprio, enviaria à Terra os Seus emissários, a fim de libertá-la do jugo arbitrário da ignorância dominante, comprazendo-se, então, em prolongar indefinidamente a vigência absurda do caos da inteligência...

Quando, porém, aperceberam-se do grave erro, fulguravam já as estrelas da razão e da lógica, laboravam os dínamos da investigação científica, destruindo os *mistérios*, enquanto o bisturi da cirurgia avançada, dissecando corpos, retirando peças anatômicas para exames e órgãos para transplantes, procurava nos organismos ora cadaverizados, ora pulsantes, a alma, que as tradições valetudinárias vestiam de lendas, ocultavam em fantasias, através do que possuíam o supremo controle das massas inermes nas teias bem-urdidas da argumentação gongórica e confusa...

O homem transferiu-se, então, do totalitarismo da fé para o servilismo da descrença. Das argutas ciladas do enigmático *aceitar sem perquirir* surgiu o *indagar sem-fim*, para raramente aceitar. A *razão* depôs a fé ancestral e irrigou as mentes com exigências superlativas, como realizando um desforço suposto necessário, tentando padronizar todas as coisas e leis, e submetendo-as às apaixonadas dimensões dos seus cálculos, conceitos e caprichos, novos na forma e antigos na imposição.

Acreditou-se, em consequência, que ao homem tudo é concedido, devendo revelar-se-lhe todas as expressões e nuances da vida, ante os aparelhos que criou; míope, no entanto, para as visões grandiosas da realidade universal, na multiplicidade das suas manifestações.

Fazendo-se descrente, tornou-se joguete da própria presunção, destronando Deus da Criação para travestir-se num *deus* cuja fatuidade logo cede ante conjunturas que defronta na marcha e para as quais se encontra desarmado...

O desprezo à fé, antes de significar preciosa conquista da inteligência que se supõe superdotada, revela pobreza de percepção como riqueza da vã cultura, que não enxuga as lágrimas do coração, nem acalma as inquietações que somente a fé consegue dulcificar, apaziguar.

Ao Espiritismo cabe essa gigantesca tarefa: reconduzir o homem moderno a Deus, insculpir-lhe a fé superior e racional, mediante a utilização dos recursos de que dispõe, a fim de estruturá-la pelos fatos de que se reveste e pela lógica que deles diflui, favorecendo-o com mais profunda compreensão dos móveis e objetivos da vida, simultaneamente exalçando a tônica dos deveres da caridade, do trabalho, da humildade, efeitos imediatos da sua transformação pela fé.

Não lhe imporá um novo modo de crer, antes lhe ensejará a correta vivência da crença, estruturada, não num sistema, antes argamassada no testemunho dos fatos demonstrados à saciedade, conotados e comprovados em toda parte e lugar do planeta.

Nesse afã, embora sejam propostas explicações científicas complexas para os fenômenos espirituais que defrontará, essas conclusões serão inexatas, impelindo-o à necessidade de submeter-se às Leis da Criação, de que os Espíritos Superiores se fazem executores, elucidando que as funções da vida prosseguem além do corpo abandonado na tumba, latentes, pulsantes, reais.

A fé espiritual corrige a distrofia ou a hipertrofia da razão, situando-a convenientemente no lugar que lhe cabe.

Crente, após a experiência da fé, o homem faz-se livre dos torpes limites dos preconceitos e das injunções dissolventes da hipocrisia, da petulância. Transforma-se em irmão do próximo, membro edificante da comunidade, por colocar as suas aspirações não na transitória função da carne, mas na transcendente imposição da imortalidade.

Reconhece a própria fragilidade e pequenez, aspirando a força grandiosa do progresso e da sabedoria que o engrandece.

Não se jacta, não se ensoberbece.

A fé dá-lhe a exuberância do amor e o poder de retificar as injunções penosas, libertando-o dos tormentos de qualquer procedência, a fim de fazê-lo feliz.

Confirmando as legítimas consequências da fé, as modernas experiências da investigação paranormal já estão encontrando a prova do poder do pensamento – exteriorização da fé – e documentando a do pródromo da vida do Espírito, reencarnado ou não, encorajando incursões mais profundas de que se colherão resultados expressivos, salutares.

O desprezo à fé logo mais cederá lugar às luminescências da esperança e à aceitação das diretrizes dúlcidas quão consoladoras do Evangelho de Jesus, em *espírito e verdade*, reformulando, felicitando a Terra e seus habitantes, quando então, o homem crerá em Deus e em Jesus, para afirmar-se como legatário, que muito poderá fazer como o próprio Cristo o anunciou e fez.

Nem guerra, nem dor; nem anátema, nem ódio nesses dias que advirão, após os que se estão vivendo.

A fé guiará o homem, e o homem, em se encontrando consigo mesmo, *herdará a Terra*.

# 3

# POLUIÇÃO E PSICOSFERA

Ecólogos de todo o mundo preocupam-se, na atualidade, com a poluição devastadora, que resulta dos detritos superlativos que são atirados nos oceanos, nos rios, lagos e *terras inúteis* circunjacentes às grandes metrópoles, como o tributo pago pelo conforto e pelas conquistas tecnológicas, desde os urgentes ingredientes e artefatos para a sobrevivência, às indústrias bélicas, às de explorações novas, às de *inutilidade* que atiram fora centenas de milhões de toneladas de lixo, óleos e resíduos em todo lugar. Além dessas, convém recordarmos a de natureza sonora, dos centros urbanos, produzindo distonias graves e contínuas...

Os mais pessimistas, porém, preveem a possível destruição da vida vegetal, animal e hominal como efeito dos excessivos *restos* produzidos pelos engenhos de que o homem se utiliza, e logo o esmagarão, após transformar a Terra num caos...

Mais grave, demonstram os técnicos no assunto importante, é a poluição atmosférica, graças às substâncias venenosas que são expelidas pelas fábricas em forma de resíduos, pelos motores de explosão a se multiplicarem fantástica, insaciavelmente, e os inseticidas usados para a agricultura...

Voluptuosas e desconsertadas por desvarios múltiplos do homem, as máquinas avançam, dirigidas pela inconcebível ganância, desbastando reservas florestais e influindo climatericamente com transformações penosas nas regiões, então, vencidas...

O espectro de calamidades não imaginadas ronda e domina com segurança muitos departamentos ambientais ora reduzidos à aridez...

Cifras assustadoras denotam o quanto se desperdiça na inutilidade – embora a elevada estatística chocante dos que se estorcegam na mais ínfima miséria, rebolcando-se na coleta dos montes de lixo, à cata de destroços de que possam retirar o mínimo para sobreviver! –, comprovando que, no galvanizar das paixões, o homem moderno, à semelhança de Narciso, continua a contemplar a imagem refletida nas águas perigosas da vaidade e do egoísmo em que logo poderá asfixiar-se, inerme ou desesperado. No entanto, irrefletido, impõe-se exigências dispensáveis, a que se escraviza, complicando a própria e a situação dos demais usuários dos recursos da generosa mãe-Terra.

Nesse panorama deprimente, e para sanar alguns dos males imediatos e outros do futuro, sugestões e programas hão surgido, preocupando as autoridades responsáveis pelos organismos mundiais, no sentido de serem tomadas providências coletivas e salvadoras urgentes. Algumas já estão sendo postas em prática, embora em número reduzido, tais: o reflorestamento; a ausência de tráfego com motores de explosão em algumas cidades uma vez por semana; a tentativa da industrialização do lixo, com aproveitamento de energia, adubos e outros; controle no uso de pesticidas na lavoura; técnicas não poluentes com o fim de gerar energia; as áreas verdes nas cidades; a segurança por meio de controle das experiências nucleares, a fim de ser evitada a contaminação...

Afirma-se que por onde o homem e a civilização passam, ficam os sinais danosos da sua jornada, em forma de aridez, destruição e morte.

As grandes nações, materialmente estruturadas e guindadas ao ápice pela previsão futurológica de mentes e computadores que prometiam tudo resolver, fazendo soberbas e vãs as criaturas, foram surpreendidas, há pouco, pelas consequências gerais da própria impetuosidade, no resultado da guerra no Oriente Médio, fazendo-as parar e modificando, em muitas delas, as estruturas e programas, previsões e soberania pelas exigências do *deus petróleo* em que estabeleceram as bases do seu poderio e das suas glórias, decepcionadas, atônitas...

Algumas tiveram a economia abalada, padecendo crises que resultaram do gravame geral, modificando a política interna e externa, num atestado de nulidade quanto aos compromissos humanos assumidos, à segurança e precariedade das humanas forças.

Como resultado, apressam-se as negociações internacionais por acordos diplomáticos e conchavos político-econômicos, enquanto a fome, campeando desassombradamente, confirma a falência dos cálculos e das fantasias materialistas, visivelmente perturbadas no testemunho dos seus líderes em convulsas transações com que tentam reequilibrar o poderio avassalado, quando não, perdido...

O poder de um dia, qual efêmera glória, sempre muda de mão e local, fazendo oscilar, mudar de rumo os interesses e as supostas proteções, fruto, indubitavelmente, de uma poluição descuidada – a de natureza moral!

A força e a grandeza de alguns povos, até há pouco mandatários da Terra, cederam lugar aos potentados reais, que se demoravam desconsiderados, e as exigências da fome, ameaçadora e voraz, situou-os como as legítimas potências que são disputadas, após o *deus negro*: o arroz, o trigo, o milho e o sorgo, cujos celeiros, quase vazios no mundo, deles necessitam com urgência para a sobrevivência dos seres.

Todavia, o homem ingere e disparte mais terrível poluição, venenosa quão irrefreável graças ao cultivo de lamentáveis atitudes em que persevera e se compraz: referimo-nos à poluição mental que interfere na ecologia psicosférica da vida inteligente, intoxicando de dentro para fora e desarticulando de fora para dentro.

Estando a Terra vitimada pelo entrechoque de vibrações, ondas e mentes em desalinho, como decorrência do desamor, das ambições desenfreadas, dos ódios sistemáticos, as funestas consequências se fazem presentes não apenas nas guerras externas e destrutivas, mas também nas rudes batalhas no lar, na família, no trabalho, nas ruas da comunidade, no comportamento. Intoxicado pela ira, vencido pelo desespero que agasalha, foge na direção dos prazeres selvagens nos quais procura relaxar tensões, adquirindo mais altas cargas de desequilíbrio em que se debate.

A poluição mental campeia livre, favorecendo o desbordar daquela de natureza moral, fator primacial para as outras que são visíveis e assustadoras.

O programa, no entanto, para o saneamento de tão perigoso estado de coisas, já foi proposto por Jesus, o Sublime Ecólogo que, em a Natureza, preservando-a, abençoando-a, dela se utilizou, apresentando os métodos e técnicas da felicidade, da sobrevivência ditosa nos incomparáveis discursos e realizações de que inundou a História, estabelecendo as bases para o reino de amor e harmonia, sem-fim, sem dores, sem apreensões...

Nunca reagiu o Mestre – sempre agiu com sabedoria. Jamais se permitiu ferir – deixou-se, porém, crucificar. Nenhuma agressão de Sua parte – facultou-se, no entanto, ser agredido.

Por onde passou, deixou concessões de esperança, bálsamo de reconforto, amenidade e paz. Seus caminhos ficaram floridos pelas alegrias e abençoados pelos frutos da saúde renovada.

Rei Solar, fez-se servo humilde de todos, mantendo-se inatingido, embora o ambiente em que veio construir a Vida Nova para os tempos futuros...

Repassa-Lhe a sublime trajetória.

Busca-O!

Faze uma pausa na terrível conjuntura em que te encontras e recorda-O.

Para toda enfermidade, Ele tem a eficiente terapia; para as calamidades destes dias, Ele tem a solução.

Ama e serve, portanto, como possas, quanto possas, quando possas.

A Terra sairá do caos que a absorve, e voltarão o ar puro, a água cristalina, a relva repousante, o trinar dos pássaros, o fulgor do Sol e o faiscar das estrelas em nome do Pai Criador e de Jesus, o Salvador Perene de todos nós.

# 4

# Paixões

A força da emotividade que propele o homem à paixão procede do íntimo do ser espiritual, transformando-se em reação orgânica, através da qual se alça aos cumes do enobrecimento ou derrapa nas valas das torpes viciações em que chafurda.

Quando o ideal de edificação do bem, sob qualquer aspecto manifestado, apresenta-se forte e dominador, é a paixão que arrebata a criatura, fazendo-a alterar rotas, remover obstáculos, vencer problemas.

Galileu, sonhando com o sistema heliocêntrico, e Colombo, antevendo as terras que encontraria no Oeste, em face das reminiscências pretéritas e dos cálculos matemáticos do presente, temerariamente impulsionados pela paixão que os emulava, insistiram até lograr ampliar as dimensões da Terra.

Sócrates, fundamentado no postulado do *"conhecer--se a si mesmo"*, e Jan Hus, apaixonado pelo Cristo, desvelado, no Evangelho, para a libertação da alma angustiada dos povos, preferiram a morte à desonra ante os ataviados dominadores do equívoco moral e religioso...

...E Jesus, dominado pela paixão do amor, no seu mais elevado grau, doou-se, a fim de que os homens, por meio das Suas lições, se pudessem encontrar, marchando na direção do *Reino de Deus*.

São, todavia, nos acessos tortuosos do crime e das dissipações mais vis que o Espírito, aturdido pela matéria que o reveste, compraz-se, retardando a liberdade a que aspira, tudo permuta pelo flagício do estreito cárcere em que se enclausura moralmente.

As paixões anestesiantes e dissolventes grassam com mais facilidade por encontrar melhor receptividade nos homens indecisos, nos de experiências primárias, naqueles que se deixam enfraquecer pelas lutas, por neles predominar a natureza animal...

Nero e Cômodo, estertorando na licenciosidade e no crime de muitas denominações, pouco diferem de Hitler e Himmler na fúria sanguinolenta dos sacrifícios humanos pelo ardor da paixão racial...

Toda vez que a emoção desce ao estágio primevo, a sensação sobe à inteligência e a enlouquece...

No trâmite das paixões humanas, nas quais predominam a barbárie e a luxúria, obsessões vigorosas estabelecem comércio de exploração vampirizadora, desvairando uns e deperecendo outros que se deixam, inermes, arrastar pela força da jugulação a que se entregam.

Lenocínio, atentado ao pudor, corrupção moral são celas sombrias que estiolam qualquer expressão de vida, em processo doloroso de desintegração do ser sob o cáustico que corrói de fora e a toxicose mental com que se envenena de dentro...

Olhar baço, mente tarda, desvitalizado de forças pelo desgaste externo e pela dominação interior de que se utilizam os Espíritos viciados para prosseguir na ilusão da carne, não obstante haverem rumado para o Além-túmulo – eis a imagem infeliz de quem se nutre e compraz nas paixões perturbadoras do sexo em desalinho, em processo contínuo de embrutecimento e degradação...

Por outro lado, o ódio engendrando sórdidas vinganças, a inveja trabalhando infelicidades, a cobiça atando amarras em volta dos passos, a cólera espalhando psicosfera destrutiva, a vaidade entorpecendo os sentimentos, a avareza enjaulando ideais, o desperdício arruinando o equilíbrio expressam as paixões que anatematizam, perseguem e vitimam os que as agasalham. Todas resultantes da loucura do egoísmo, que somente a si se valoriza e se permite auferir lucros, prazeres, oportunidades, que aos demais nega, para o saque inditoso que o homem se faz, quando se lhe transforma em vítima espontânea.

Todos estamos destinados à imarcescível glória do bem, que triunfará, embora a demorada presença do mal que elaboramos em nós mesmos para o suplício que preferimos. Por maior que seja esse período de dominação negativa, cessará ao impositivo da evolução que jamais será detida.

Conveniente utilizar-se, desde logo, dos antídotos poderosos para as paixões que desgovernam os homens e a época, e de que nos dão excelentes provas a química do amor e a dinâmica da caridade de que o Cristo se fez paradigma por excelência.

Pequenos esforços somam resultados expressivos.

Migalhas reunidas formam volume respeitável.

Átomos agregados constituem forças atuantes e vivas.

Pequeno esforço agora contra a ira, uma migalha de caridade logo mais, um átomo de amor que se dilata, e será formado o condicionamento para as arrancadas exitosas contra as grandes paixões aniquilantes, que devem ser incessantemente combatidas.

Um pensamento feliz, uma palavra cortês, um gesto de carinho, um aperto de mão e desabrocham os pródromos das paixões pela fraternidade e pelo mundo melhor, que desde já está sendo construído pelos lutadores autênticos do Cristo, espalhados em todos os campos de atividade na Terra, esperando pela contribuição de boa vontade de cada um de nós.

# 5

# FILHOS INGRATOS

A ingratidão – chaga pestífera que um dia há de desaparecer da Terra – tem suas nascentes no egoísmo, que é o remanescente mais vil da natureza animal, lamentavelmente persistindo na Humanidade.

A ingratidão, sob qualquer forma considerada, expressa o primarismo espiritual de quem a carrega, produzindo incoercível mal-estar onde se apresenta.

O ingrato, isto é, aquele que retribui o bem pelo mal, a generosidade pela avareza, a simpatia pela aversão, o acolhimento pela repulsa, a bondade pela soberba é sempre um atormentado que esparze insatisfação, martirizando quantos o acolhem e socorrem.

O homem vitimado pela ingratidão supõe tudo merecer e nada retribuir, falsamente acreditando ser credor de deveres do próximo para consigo, sem qualquer compensação de sua parte.

Estulto, desdenha os benefícios recolhidos a fim de exigir novas contribuições que a própria insânia desconsidera. É arrogante e mesquinho, porque padece atrofia dos sentimentos, transitando nas faixas da semiconsciência e da irresponsabilidade.

Sendo a ingratidão, no seu sentido genérico, detestável nódoa moral, a dos filhos para com os pais assume proporções relevantes, desde que se torna hediondo ato de rebeldia contra a Criação Divina.

O filho ingrato é dilacerador do coração dos pais, ímpio verdugo que se não comove com as doloridas lágrimas maternas nem com as angústias somadas e penosas do sentimento paterno.

Com a desagregação da família, que se observa generalizada na atualidade, a ingratidão dos filhos torna-se responsável pela presença de vários cânceres morais, no combalido organismo social, cuja terapia se apresenta complexa e difícil.

Sem dúvida, muitos pais, despreparados para o ministério que defrontam em relação à prole, cometem erros graves, que influem consideravelmente no comportamento dos filhos que, por seu turno, logo podem, rebelam-se contra estes, crucificando-os nas traves ásperas da ingratidão, da rebeldia e da agressividade contínua, culminando, não raro, em cenas de pugilato e vergonha.

Muitos progenitores, igualmente, imaturos ou versáteis, que transitam no corpo açulados pelo tormento de prazeres incessantes – que os fazem esquecer as responsabilidades junto aos filhos para os entregar aos servos remunerados, enquanto se corrompem na leviandade –, respondem pelo desequilíbrio e desajuste da prole, na desenfreada competição da utópica e moderna sociedade.

Todavia, filhos há que receberam dos genitores as mais prolíferas demonstrações e testemunhos de sacrifício e carinho, aspirando a um clima de paz, de saúde moral, de equilíbrio doméstico, nutridos pelo amor sem fraude e pela abnegação sem fingimentos, e revelam-se, de cedo, frios, exigentes e ingratos.

Se diante de pais irresponsáveis a ingratidão dos filhos jamais se justifica ou procede, a proporcionada por aqueles que tudo recebem e tudo negam somente encontra explicação na reminiscência dos desajustes pretéritos dos Espíritos, que, não obstante reunidos outra vez para se recuperar, avivam as animosidades que ressumam do inconsciente e se corporificam em forma de antipatia e aversão, impelindo-os à ingratidão que os atira às rampas inditosas do ódio dissolvente.

A família é abençoada escola de educação moral e espiritual, oficina santificante onde se lapidam caracteres, laboratório superior onde se caldeiam sentimentos, estruturam aspirações, refinam ideais, transformam mazelas antigas em possibilidades preciosas para a elaboração de misteres edificantes.

O lar, em razão disso, mesmo quando assinalado pelas dores decorrentes do aprimorar das arestas dos que o constituem, é forja purificadora onde se devem trabalhar as bases seguras da Humanidade de todos os tempos.

Quando o lar se estiola e a família se desorganiza, a sociedade se enfraquece e estertora.

De nobre significação, a família não são apenas os que se amam através dos vínculos da consanguinidade, mas também da tolerância e solidariedade que se devem doar os equilibrados e afáveis aos que constituem os elos fracos, perturbadores e em deperecimento no clã doméstico.

Aos pais, cabem sempre os deveres impostergáveis de amar e entender até o sacrifício os filhos que lhes chegam pelas vias sacrossantas da reencarnação, educando-os e dispondo-lhes nas almas as sementes férteis da fé, das responsabilidades, instruindo-os e neles inculcando a necessidade da busca de elevação e felicidade. O que decorra serão consequências do estado moral de cada um, que lhes não cabem prever, recear ou sofrer por antecipação pessimista.

Aos filhos, compete amar os pais, mesmo quando negligentes ou irresponsáveis, porquanto é do Código Superior da Vida o impositivo: *Honrar pai e mãe*, sem excluir os que o são apenas por função biológica, assim mesmo, por cujo intermédio a Excelsa Sabedoria programa necessárias provas redentoras e pungitivas expiações liberativas.

Ante o filho ingrato, seja qual a for a situação em que se encontre, guarda piedade para com ele e dá-lhe mais amor...

Agressivo e calceta, exigente e impiedoso, transformado em inimigo insensível quão odioso, oferta, ainda, paciência e mais amor...

Se te falarem sobre recalques que ele traz da infância, em complexos que procedem desta ou daquela circunstância, em efeito da libido tormentosa com que os simplistas e descuidados pretendem escusá-lo, culpando-te, recorda, em silêncio, de que o Espírito precede ao berço, trazendo gravado nas tecelagens sutis da própria estrutura gravames e conquistas, elevação e delinquência, podendo, então, melhor o compreender, mais o ajudar, desculpá-lo com eficiência e socorrê-lo com probidade, prosseguindo ao seu lado sem mágoa e encorajado no programa com a família inditosa e os filhos ingratos, resgatando pelo sofrimento e amor os teus próprios erros, até o dia em que, redimido, possas reorganizar o lar feliz a que aspiras.

# 6

# SEXUALIDADE

A busca exorbitante da moderna inconsciência da *civilização cibernética* alcança as apressadas metas perseguidas e logo transfere os alvos, arrojando-os para o futuro, embora a ânsia enlouquecedora de viver-se o momento fugaz e tão somente para o instante fugidiço...

Tal conjuntura fez que se derrubassem os conceitos da velha ética, estruturando-se nova moral, que a cada investida sofre vigorosa modificação, passando à feição das realidades amorais e mergulhando, por fim, no abissal fosso dos estados e manifestações imorais.

Agitando-se para conseguir a felicidade, o homem tecnicista defrontou o prazer, e, perturbado pelo desbordar das sensações em clima febril quão desesperador, coloca a mente no estudo das estrelas e os sentimentos nos estertores do instinto.

Diferença expressiva medeia entre a felicidade e o prazer, o gozo físico e as emoções que produzem dita...

Atirado à voragem de destruir a hipocrisia do passado e produzir o encontro com a autenticidade de consciência, o homem olvidou as medidas do equilíbrio, demolindo com o estridor da rebeldia sistemática os tabus e preconceitos, sem o necessário discernimento que o ajudasse a apresentar as substituições que serviriam de base para as conquistas que o alçariam às alegrias da plenitude. Vem destruindo por destruir.

Em tais investidas, cujos ressaibos já tisnam os apetites, perturbadoramente, o sexo foi dos que maior investimento de forças negativas recebeu.

Da coação a que a intolerância o jugulava, como consequência da ignorância das suas sublimes funções e finalidades, passou à libertinagem com que se apresenta corrompido, em mixórdias repulsivas, nas quais se buscam expressões de gozo que o envilecem, desnaturam-no e o desorganizam...

Ontem, tido por *imundo*, passou à nova conceituação como máquina de prazer, qual se o homem exclusivamente devesse viver para exercê-lo, e não para, através dele, perpetuar a espécie.

De Freud libertando-o, a Marcuse licenciando-o, abusivamente, há um pego de cultura técnica e desequilíbrio moral que não podem ser ignorados.

Antes combatido no exercício das suas funções naturais, é agora apregoado como fonte de vida, em que, todavia, acumpliciam-se tormentos sem conto, para a nefanda orgia, que ameaça a estrutura ética da Humanidade, açulando a juventude, como a condená-la à desesperação, senão ao desvario irreversível...

Incontestavelmente, o sexo exerce profunda influência na vida física, emocional e espiritual das criaturas.

Santuário da procriação, fonte de nobres emulações e instrumento de renovação pela permuta de estímulos hormonais, a sexualidade tem sofrido a agressão apocalíptica dos momentos transitórios da regeneração espiritual que se opera no planeta.

...Aberrações e desacatos, violência e lascívia de mãos dadas avançam em desordem, conturbando agressivamente e deixando os rastros dos dissabores, das desilusões inomináveis e das frustrações em rios de lágrimas, em corredores sombrios de angústias e alucinações...

Isto porque o sexo, sem a dignidade do amor, desarvora, embrutecendo os apetites que não se fazem saciar e ressurgem mais violentos, constrangedores...

Das condenáveis críticas da mordacidade e da perseguição, o sexo saiu para a praça pública do desrespeito, como a desforçar-se dos padecimentos sofridos na suposição de que o extremado uso reabilitasse o erro da antiga coibição.

O desconserto atingiu as raias da desordem, e o despudor corroeu os sentimentos que enobrecem a vida, facultando que cenas de desarranjo mental, emocional e fisiológico assumam cidadania, nas suas paisagens de dor e desaire. Proliferam, então, à margem, as chantagens, as perseguições, os despautérios, os aplausos, os crimes, em cenários de ridículo, em aflições obsessivas cruéis...

Transexualidade ou homossexualidade, heterossexualidade, bissexualidade e assexualidade que se exteriorizam no campo da forma ou nas sutis engrenagens da psique têm suas nascentes e funções nas tecelagens do Espírito.

As expressões em que hoje a sexualidade se manifesta e recebe o ridículo ou a chacota, o aval, a imitação da sociedade, examinadas pelo lado espiritual, merecerão de futuro justo tratamento por legisladores e psicólogos, médicos e psiquiatras, educadores e sociólogos que terão corrigida a feição do problema, ensejando mais amplo entendimento nobre da vida em todas as suas manifestações e finalidades.

Singularmente vinculada à anterioridade do Espírito, a problemática do sexo exige carinho e caridade, respeito e dignificação.

Organizado pela Divindade para sublimes misteres, não pode ser utilizado levianamente. Todo abuso impõe-lhe imposto de carência; qualquer desconsideração insculpe-lhe desordem e tormento...

Se te encontras num capítulo punitivo da sexualidade, fora da atividade santificante para a qual o dotou o Criador, não te conspurques nem te degrades, mesmo que a mentalidade da época te seja favorável ou te aplauda...

Preserva tuas forças morais e mantém o teu equilíbrio.

Quando a ardência dos desejos te esfoguearem, lembra-te do lenitivo da oração e reconforta-te demoradamente.

Não derrapes na alucinação nem sorvas a taça licorosa, porém envenenada das satisfações torpes...

Não te acumplicies ou te enredes no problema da emotividade sexual, mantendo o comércio mental, inspirando paixões, provocando tormentos, desequilibrando...

Não sejas fator de desdita para ninguém.

Se estás em regime de ordem, examina os que estão agoniados, sob constrições que não imaginas, os que padecem frigidez, exacerbação; os marcados por anomalias desta ou daquela natureza; os inquietados, os perseguidos em si mesmos...

Se te defrontas em campo de prova sob uma ou outra imposição psíquica ou física, espera o amanhã.

Não te apresses.

O problema não será resolvido de um golpe. Não devidamente cuidado, mais se agrava.

A vida não fina no túmulo, não se encerrando toda, somente, na cápsula carnal.

Transforma tuas limitações em forças e ama os ideais de enobrecimento da Humanidade, com que te liberarás da compressão, encontrando a felicidade que anelas.

Ama, seja qual for a situação em que te depares, e esparze amor pelo caminho, semeando estrelas de esperanças. Amanhã elas brilharão para ti.

O problema do sexo é do Espírito, e somente do Espírito virá, para ele, a solução.

Assim, cultiva o lar, atende a família, faze-te cocriador da Obra de Nosso Pai, coopera com os que transitam em dores e edifica na mentalidade geral o conceito segundo o qual o sexo é para a vida e não a vida para o sexo.

# 7

# Delinquência, perversidade e violência

A onda crescente de delinquência que se espalha por toda a Terra assume proporções catastróficas, imprevisíveis, exigindo de todos os homens probos e lúcidos acuradas reflexões.

Irrompendo intempestivamente, faz-se avassaladora, em vigoroso testemunho de barbárie, qual se loucura de procedência pestilencial se abatesse sobre as mentes, em particular grassando na inexperiente juventude, em proporções inimagináveis, aflitivas.

Sociólogos, educadores, psicólogos e religiosos, preocupados com a expressiva mole de delinquentes de toda lavra, especialmente os perversos e violentos, aprofundam pesquisas, improvisam soluções, experimentam métodos mal-elaborados, aderem aos impositivos da precipitação, oferecem sugestões que triunfam por um dia e sucumbem no imediato, tudo prosseguindo como antes, senão mais turbulento, mais inquietador.

Os milênios de cultura e civilização parece que em nada contribuíram a benefício do homem, que, intoxicado pela violência generalizada, adotou filosofias esdrúxulas, em tormentosa busca de afirmação, mediante o vandalismo e a obscenidade, em fugas espetaculares para as *origens*.

Numa visão superficial das consequências calamitosas desse estado sociomoral decorrentes, asseveram alguns observadores que a delinquência, a perversidade e a violência fluem, abundantes, dos campos das guerras *sujas* e cruéis, engendradas pela necessidade da moderna tecnologia em libertar os países superdesenvolvidos do excesso de armamentos bélicos e dos equipamentos militares ultrapassados, gerando focos de conflitos a céus abertos entre povos em fases embrionárias de desenvolvimento ou subdesenvolvidos, martirizados e destroçados às expensas dos interesses econômicos alienígenas, dominadores arbitrários, no entanto, transitórios...

Indubitavelmente, a Humanidade vê-se compelida a responder por esse pesado ônus, fruto do egoísmo de homens e governos impenitentes, que fomentam as desgraças imediatas, geratrizes de males que tais...

O homem condicionado à técnica da matança desenfreada e selvagem, atormentado pelo medo contínuo, submetido às demoradas contingências da insegurança, incerteza e angústia disso resultantes, adestrado para matar antes e examinar depois, a fim de a si mesmo poupar-se, obrigando-se a cruciais situações, ingerindo drogas para sustentar-se, açular sensações, aniquilar sentimentos, só mui dificilmente poderá reencontrar-se, mesmo que transladado dos campos de combate para as comunidades pacíficas e ordeiras.

A simples injunção de uma paz assinada longe do caos dos conflitos nos quais perecem vidas, ideais e dignidade, jamais conseguirá transformar de improviso um *veterano* num pacato cidadão.

Além desse fator odioso, com suas intercorrências, referem-se os estudiosos aos da injustiça social vigente entre as diversas classes humanas, dos que padecem os prole-

Após a tempestade

tários e os menos favorecidos, sempre arrojados às posições subalternas ou nenhures, mal remunerados, ou sem salário algum, subnutridos, abandonados. Atirados aos redutos sórdidos das favelas, guetos e malocas, vivendo de *expedientes*, dependentes uns dos outros, em aventuras, urdem na mais penosa miséria econômica, da qual se derivam as condições mesológicas deploráveis – causas de enfermidades orgânicas e psíquicas de diagnose difícil quão ignorada, geradoras de ódios, brutalidades e sevícias, nas quais se desarticulam os padrões do sentimento, substituídos por frieza emocional, resultante de inditosa esquizofrenia paranoide – os desforços contra a sociedade indiferente que os relega a estágio primitivo, sub-humano.

Às vezes sobrevivem alguns descendentes, vítimas inermes do meio ambiente, cujos hábitos e costumes arraigados jungem-nos a viciações de erradicação difícil, quando não perturbante, de que não se conseguem libertar, estiolando-se, mais tarde...

Todavia, devemos considerar, à margem das respeitáveis opiniões dos técnicos e especialistas no complexo problema, as condições morais das famílias abastadas – tendo-se em conta que a delinquência flui, também, abundante e referta, assustadora e rude, em tais meios assinalados pela linhagem social e pela tradição –, cujos exemplos, nem sempre salutares, substituem o cumprimento dos retos deveres pelo suborno, ou os transferem, para realização, a servos e pedagogos remunerados, enquanto os pais se permitem desconsiderações recíprocas, desprezo a leis e costumes, impondo seus caprichos e desaires como normas aceitas, convenientes, sobre as quais estatuem as diretrizes do comportamento, agindo de maneira desprezível, apesar da aparência respeitável...

A leviandade de mestres e educadores imaturos, não habilitados moralmente para os relevantes misteres de preparação das mentes e caracteres em formação, contribui, igualmente, com larga quota de responsabilidade no capítulo da delinquência juvenil, da agressividade e da violência vigentes, ameaçadoras, câncer perigoso a dizimar com crueldade o organismo social do planeta.

Experiências em laboratório com ratos hão demonstrado que a superdensidade de espécimes em área reduzida torna-os violentos, após atravessarem períodos de voracidade alimentar, de abuso sexual até a exaustão, fazendo-os depois, perigosos e agressivos, indiferentes às outras faculdades e interesses. Creem, os especialistas em demografia, que o problema é semelhante no homem que vive estrangulado nos congestionados centros urbanos, onde as cifras da delinquência se fazem superlativas, cada dia ultrapassando as anteriores.

Destaquemos, aqui, a falência das implicações morais e da ética religiosa do passado, que, depois da constrição proibitiva a todos os processos evolutivos, viam-se ultrapassadas, sentindo necessidade de atualização para a sobrevivência, saltando do estágio primário da proibição pura e simples para o acumpliciamento e acomodação a pseudovalores novos, não comprovados pela qualidade de conteúdo. A permissividade total, concedida por alguns receosos pastores, em caráter experimental, contribuiu para a morte do decoro e a vigência da licenciosidade, que passou a vulgarizar a temática evangélica em indesculpável servilismo das paixões dominantes...

O delinquente, no entanto, padece, não raro, de distúrbios endógenos ou exógenos que o impelem ou predispõem à violência que se desborda ante os demais contributos sociais, econômicos, mesológicos...

Sem qualquer dúvida, a desarmonia endócrina, resultante da exigência hereditária, as distonias psíquicas se fazem vigorosos impositivos para a alienação e a delinquência. Muitos traumas psicológicos e recalques que procedem do próprio Espírito aturdido e infeliz espocam como complexos destrutivos da personalidade, expulsando-os para os porões do desajuste da emoção e para a rebeldia sistemática a que se agarram, buscando sobreviver, não raro enlouquecendo pela falta de renovação e pela intoxicação dos fluidos e miasmas psíquicos que cultivam.

Além disso, os distúrbios orgânicos, as sequelas de enfermidades várias, os traumatismos ocasionados por golpes e quedas são outra fonte de desarranjos do discernimento, ensejando a fácil eclosão da violência e da agressividade.

Pulula, ainda, nos complexos mecanismos da reencarnação em massa destes dias, o mergulho no corpo somático de Espíritos primários nos quadros da evolução, necessitados de progresso e ajuda para a própria ascensão que, não encontrando os estímulos superiores para o enobrecimento, são, antes, conduzidos à vivência das sensações grosseiras em que transitam, desbordando os impulsos agressivos e os instintos violentos com que esperam impor-se e usufruir mais fogosas cargas de gozos em que se exaurem e sucumbem. Aderem à filosofia chã de viver intensamente um dia, a lutarem e viverem todos os dias.[2]

A simples preocupação dos interessados – e a questão nos diz respeito a todos nós – não resolve, se medidas urgentes e práticas, mediante uma política educativa generalizada, não se fizerem impor antes da erupção de males

---

2. No capítulo "Doenças mentais e obsessão", examinaremos a problemática obsessiva e sua contribuição na delinquência, na perversidade e na violência (nota da autora espiritual).

maiores e das suas consequências em progressão geométrica, apavorantes. Teríamos, então, as cidades transformadas em imensos palcos para o espetáculo cada vez mais rude da delinquência e dos seus famigerados comparsas.

Tem-se procurado reprimir a delinquência sem se combater as causas fecundas da sua multiplicação. Muito fácil, parece, a tarefa repressiva, inútil, porém, quando não se transforma em um fator a mais para a própria violência.

A terapêutica para tão urgente questão há de ser preventiva, exigindo dos adultos que se refertem de amor nas inexauríveis nascentes da Doutrina de Jesus, a fim de que, moralizando-se, possam educar as gerações novas, propiciando-lhes clima salutar de sobrevivência psíquica e realização humana.

A valorização da vida e o *respeito pela vida* conduzirão pais, mestres, educadores, religiosos e psicólogos a uma engrenagem de entendimento fraternal com objetivos harmônicos e metódicos – exemplos capazes de sensibilizar a alma infantil e conduzi-la com segurança às metas felizes que devem perseguir.

Por coerência, espiritualmente renovado e educado, o homem investirá contra a chaga vergonhosa da injustiça social, contra os torpes métodos que fomentam a miséria econômica e seus fâmulos, contra o inditoso e constritivo meio ambiente pernicioso, contra o orgulho, o egoísmo e a indiferença.

Os portadores de perturbação psíquica de qualquer procedência e violentos serão amados e atendidos por uma Medicina mais humana e mais interessada nos pacientes que preocupada em auferir lucros e homenagens com que muitos dos seus profissionais se envilecem, na tortuosa correria para a fama e o poder...

O homem iluminado interiormente pela flama cristã da certeza quanto à sobrevivência do Espírito ao túmulo e da sua antecedência ao berço, sabendo-se herdeiro de si mesmo, modifica-se e muda o meio onde vive, transformando a comunidade que deixa de a ele se impor para dele receber a contribuição expressiva, retificadora.

Os homens são, pois, os seus feitos.

A sociedade são os homens que a constituem.

A vida humana resulta dos Espíritos que a compõem.

Com sabedoria incontestável elucidou Jesus, o Incomparável Psicólogo, que prossegue vitorioso, não obstante os séculos transcorridos: *"Busca, primeiro, o Reino de Deus e Sua Justiça, e tudo mais te será acrescentado"*, demonstrando que, em o homem se voltando para a Pátria espiritual – a verdadeira – e suas questões, de fundamental importância, os demais interesses serão resolvidos como efeito natural das aquisições maiores.

Nesse cometimento, todos estamos engajados e ninguém se pode omitir, porquanto somos igualmente responsáveis pelas ocorrências da delinquência, perversidade e violência – esses teimosos remanescentes da *natureza animal* do homem em luta consigo mesmo para insculpir o bem e libertar dos grilhões do primarismo terreno a sua *natureza espiritual.*

Toda contribuição de amor como de paciência, toda dádiva de luz como de saber são valiosa oferenda para o amanhã de paz e ventura que anelamos.

# 8

# Alucinógenos, toxicomania e loucura

Dentre os gravames infelizes que desorganizam a economia social e moral da Terra atual, as drogas alucinógenas ocupam lugar de destaque, em considerando a facilidade com que dominam as gerações novas, estrangulando as esperanças humanas em relação ao futuro.

Paisagem humana triste, sombria e avassaladora, pelos miasmas venenosos que destilam os grupos vencidos pelo uso desregrado dos tóxicos, constitui evidência do engano a que se permitiram os educadores do passado: pais ou mestres, sociólogos ou éticos, filósofos ou religiosos.

Cultivado e difundido o hábito dos entorpecentes entre povos estiolados pela miséria econômica e moral, foi adotado pela Civilização Ocidental quando o êxito das conquistas tecnológicas não conseguiu preencher as lacunas havidas nas aspirações humanas – mais ampla e profunda integração nos objetivos nobres da vida.

Mais preocupado com o corpo do que com o Espírito, o homem moderno deixou-se engolfar pela comodidade e prazer, deparando, inesperadamente, o vazio interior que lhe resulta amarga decepção, após as secundárias conquistas externas.

Acostumado às sensações fortes, passou a experimentar dificuldade para adaptar-se às sutilezas da percepção psíquica, do que resultariam aquisições relevantes, promotoras de plenitude íntima e realização transcendente.

Tabulados, no entanto, programados por aferição externa de valores objetivos, preocuparam-se pouco, os encarregados da educação, em penetrar a problemática intrínseca dos seres, a fim de, identificando as nascentes das inquietações no Espírito imortal, serem solvidos os efeitos danosos e atormentadores que se exteriorizam como desespero e angústia.

Estimulado pelo receio de enfrentar dificuldades, ou motivado pela curiosidade decorrente da falta de madureza emocional, inicia-se o homem no uso de estimulantes – sempre de efeitos tóxicos –, a que se entrega, inerme, deixando-se arrastar, desde então, vencido e desditoso.

Não bastassem a leviandade e intemperança da maioria das vítimas potenciais da toxicomania, grassam os traficantes inditosos que se encarregam de arrebanhar catarmas que se lhes submetem ao comércio nefando, aumentando, cada hora, os índices dos que sucumbem irrecuperáveis.

A má imprensa, orientada quase sempre de maneira perturbante, por pessoas atormentadas, colocada para esclarecer o problema, graças à falta de valor e de maior conhecimento da questão, por não se revestirem os seus responsáveis da necessária segurança moral, tem contribuído mais para torná-lo natural do que para libertar os escravizados que não são alcançados pelos *slogans* retumbantes, porém vazios, das mensagens sem efeito positivo.

O cinema, a televisão, o periodismo dão destaque desnecessário às tragédias, aumentam a carga das informações que chegam vorazes às mentes fracas, aparvalhando-as sem as confortar, empurrando-as para as fugas espetaculares através de meandros dos tóxicos e de processos outros dissolventes ora em voga...

Líderes da comunicação, ases da arte, da cultura, dos esportes não se pejam de revelar que usam *estimulantes* que os sustentam no ápice da fama e, quando sucumbem, em estúpidas cenas de autodestruição consciente ou inconsciente, são transformados em modelos dignos de imitados, lançados como protótipos da Nova Era, vendendo as imagens que enriquecem os que sobrevivem, de certo modo causadores da sua desgraça...

Não pequeno número, incapaz de prosseguir, apaga as luzes da glória mentirosa nas furnas imundas para onde foge: presídios, manicômios, sarjetas, ali expiando, alucinado, a leviandade que o mortificou...

As mentes jovens despreparadas para as realidades da guerra que estruge em todo lugar, nos países distantes e nas praias próximas, como nos intrincados domínios do lar onde grassam a violência, o desrespeito, o desamor, arrojam-se voluptuosas, insaciáveis, ao prazer fugidio, à dita de um minuto, em detrimento, afirmam, da angustiosa expectativa demorada de uma felicidade que talvez não fruam...

Fixando-se nas estruturas mui sutis do perispírito, em processo vigoroso, os estupefacientes desagregam a personalidade, porquanto produzem, na memória anterior, a liberação do subconsciente que invade a consciência atual com as imagens torpes e deletérias das vidas pregressas, que a misericórdia da reencarnação faz jazer adormecidas... De incursão em incursão no conturbado mundo interior, desorganizam-se os comandos da consciência, arrojando o viciado nos lôbregos alçapões da loucura que os absorve, desarticulando os centros do equilíbrio, da saúde, da vontade, sem possibilidade reversiva, pela dependência que o próprio organismo físico e mental passa a sofrer, irresistivelmente...

Faz-se a apologia de uns alucinógenos em detrimento de outros, e explica-se que povos primitivos de ontem e remanescentes de hoje utilizavam-se e usam alguns vegetais portadores de estimulantes para experiências paranormais de incursão no mundo espiritual, olvidando-se que o exercício psíquico pela concentração consciente, meditação profunda e prece conduz a resultados superiores, sem as consequências danosas dos recursos alucinatórios.

A quase totalidade que busca desenvolver a percepção extrassensorial, através da usança do estupefaciente, encontra em si mesmo o *substractum* do passado espiritual que se transforma em fantasmas, cujas reminiscências assomam e persistem, passada a experiência, impondo-se a pouco e pouco, colimando na desarmonização mental do neófito irresponsável. Vale, ainda, recordar que adversários desencarnados, que se demoram à espreita das suas vítimas, utilizam-se dos sonhos e *viagens* para surgir na mente do viciado, no aspecto perverso em que se encontram, causando pavor e fixando matrizes psíquicas para as futuras obsessões em que se repletarão emocionalmente, famelgas da infelicidade em que se transformam.

A educação moral à luz do Evangelho sem disfarces nem distorções; a conscientização espiritual sem alardes; a liberdade e a orientação com bases na responsabilidade; as disciplinas morais desde cedo; a vigilância carinhosa dos pais e mestres cautelosos; a assistência social e médica em contribuição fraternal constituem antídotos eficazes para o aberrante problema dos tóxicos – autoflagelo que a Humanidade está sofrendo, por haver trocado os valores reais do amor e da verdade pelos comportamentos irrelevantes quão insensatos da frivolidade.

O problema, portanto, é de educação na família cristianizada, na escola enobrecida, na comunidade honrada, e não de repressão policial...

Se és jovem, não te iludas, contaminando-te, em face do pressuposto de que a cura se dá facilmente.

Se atravessas a idade adulta, não te concedas sonhos e vivências que pertencem à infância já passada, ansiando por prazeres que terminam ante a fugaz e enganosa durabilidade do corpo.

Se és mestre, orienta com elevação, abordando a temática sem preconceito, mas com seriedade.

Se és pai ou mãe, não penses que o teu lar estará poupado. Observa o comportamento dos filhos, mantém-te atento, cuida deles antes da ingerência e do comprometimento nos embalos dos estupefacientes e alucinógenos, em cuja oportunidade podes auxiliá-los e preservá-los. Se, porém, surpreenderes-te com o drama que se adentrou no lar, não fujas dele, procurando ignorá-lo em conivência de ingenuidade, nem te rebeles, assumindo atitude hostil. Conversa, esclarece, orienta e assiste os que se hajam tornado vítimas, procurando os recursos competentes da Medicina como da Doutrina Espírita, a fim de conseguires a reeducação e a felicidade daqueles que a Lei Divina te confiou para a tua e a ventura deles.

# 9

# Viciação alcoólica

Sob qualquer aspecto considerado, o vício – esse condicionamento pernicioso que se impõe como uma *segunda natureza* constritora e voraz – deve ser combatido sem trégua desde quando e onde se aloje. Classificado, pela leviandade de muitos dos seus aedos, como de pequeno e grande porte, surge com feição de *hábito social* e se instala em currículo de longo tempo, que termina por deteriorar as reservas morais, anestesiando a razão e ressuscitando com vigor os instintos primevos de que se deve o homem libertar.

Insinuante, a princípio perturba os iniciantes, e desperta nos mais fracos curiosa necessidade de repetição, na busca enganosa de prazeres ou emoções inusitados, conforme estridulam os aficionados que lhe padecem a irreversível dependência.

Aceito sob o acobertamento da impudica tolerância, seu contágio destrutivo supera o das mais virulentas epidemias, ceifando maior número de vítimas que o câncer, a tuberculose, as enfermidades cardiovasculares adicionados... Inclusive, mesmo na estatística obituária dessas calamidades da saúde, podem-se encontrar como causas preponderantes ou predisponentes as matrizes de muitos vícios, que se tornaram aceitos e acatados qual motivo de relevo e distinção...

Os vitimados sistemáticos pela viciação escusam-se abandoná-la, justificando que o seu é sempre um simples compromisso de fácil liberação, em considerando outros de maior seriedade, que, examinados, por sua vez, pelos seus sequazes, caracterizam-se, igualmente, como insignificantes.

Há quem a relacione como de consequência secundária e de imediata potência aniquilante. Obviamente situam suas compressões como irrelevantes em face de *tantas coisas piores...* E argumentam: *antes este,* como se um mal pudesse ter sopesadas, avaliadas e discutidas as vantagens decorrentes da sua atuação...

Indiscutivelmente, a ausência de impulsão viciosa no homem dá-lhe valor e recursos para realizar e fruir os elevados objetivos da vida, que não podem ser devorados pela irrisão das vacuidades.

A vinculação alcoólica, por exemplo, escraviza a mente, desarmonizando-a, e envenena o corpo, deteriorando-o. Tem início através do aperitivo inocente, quão dispensável, que se repete entre sorrisos e se impõe como necessidade, realizando a incursão nefasta, que logo se converte em dominação absoluta, desde que aumenta de volume na razão direta em que consome.

Os pretextos surgem e se multiplicam para as libações: alegria, frustração, tristeza, esperança, revolta, mágoa, vingança, esquecimento... Para uns se converte em coragem, para outros, em entusiasmo, invariavelmente se impondo dominador incoercível. Emulação para práticas que a razão repulsa, o alcoolismo faz supor que sustenta os fracos, que tombam em tais urdiduras, quando, em verdade, mais os debilita e arruína.

## Após a tempestade

Não fossem tão graves, por si só, os danos sociais que dele decorrem – transformando cidadãos em párias, jovens em vergados anciãos precoces, profissionais de valor em trapos morais, moçoilas e matronas em torpes simulacros humanos, aceitos e detestados, acatados e temidos nos sítios em que se pervertem a caminho da total sujeição, que conduz, quando se dispõe de moedas, a sanatórios distintos, e em contrário, às sarjetas hediondas, em ambos os casos avassalados por alienações dantescas –, culmina em impor os trágicos autocídios, por cujas portas buscam, tais enfermos, soluções insolváveis para os problemas que criaram espontaneamente para si próprios... Não acontecendo a queda espetacular no suicídio, este se dá por processo indireto, graças à sobrecarga destrutiva que o alcoólatra ou simples cultivador da alcoolofilia depõe sobre a tecelagem de elaboração divina, que é o corpo. E quando vem a desencarnação, o que é também doloroso, não cessa a compulsão viciosa, nascendo dramas imprevisíveis do outro lado do túmulo, em que o Espírito irresponsável constata que a morte não resolveu os problemas nem aniquilou a vida...

Nesse capítulo convém considerarmos que a desesperada busca ao álcool – ou substâncias outras que diláceram a vontade, desagregam a personalidade, perturbam a mente – pode ser, às vezes, inspirada por processos obsessivos, culminando sempre, porém, em obsessões infelizes, de consequências imprevisíveis.

A pretexto de comemorações, festas, decisões, não te comprometas com o vício.

O oceano é feito de gotículas, e as praias imensuráveis de grãos.

Liberta-te do conceito: *hoje só*, quando impelido a comprometimento pernicioso e não te facultes: *apenas um pouquinho*, porquanto uma picada que injeta veneno letal, não obstante em pequena dose, produz a morte imediata.

Se estás bafejado pela felicidade, sorve-a com lucidez. Se te encontras visitado pela dor, enfrenta-a, abstêmio e forte.

Para qualquer cometimento que exija decisão, coragem, equilíbrio, definição, valor, humildade, estoicismo, resignação recorre à prece, mergulhando, na reflexão, o pensamento, e haurirás os recursos preciosos para a vitória em qualquer situação, sob qual seja o impositivo.

Nunca te permitas a assimilação do vício, na suposição de que dele te libertarás quando queiras, pois que se os viciados pudessem querer, não estariam sob essa violenta dominação.

# 10

# Anticonceptivos e planejamento familiar

Alegações ponderosas que merecem consideração vêm sendo arroladas para justificar-se a planificação familiar através do uso dos anticonceptivos de variados tipos. São argumentos de caráter sociológico, ecológico, econômico, demográfico, considerando-se com maior vigor os fatores decorrentes das possibilidades de alimentação numa Terra tida como semiexaurida de recursos para nutrir aqueles que se multiplicam geometricamente com espantosa celeridade...

Entusiastas sugerem processos definitivos de impedimento procriativo, pela esterilização dos casais com dois filhos, sem maior exame da questão, no futuro, transformando o indivíduo e a sua função genética em simples máquina que somente deve ser acionada para o prazer, nem sempre capaz de propiciar bem-estar e harmonia.

Sem dúvida, estamos diante de um problema de alta magnitude, que deve ser, todavia, estudado à luz do Evangelho, e não por meio dos complexos cálculos frios da precipitação materialista.

O homem pode e deve programar a família que deseja e lhe convém ter: número de filhos, período propício para a maternidade, nunca, porém, se eximirá aos imperiosos resgates a que faz jus, tendo em vista o seu próprio passado. Melhor usar o anticonceptivo do que abortar.

Os filhos, porém, não são realizações fortuitas, decorrentes de circunstâncias secundárias, na vida. Procedem de compromissos aceitos antes da reencarnação pelos futuros progenitores, de modo a edificarem a família de que necessitam para a própria evolução. É-lhes lícito adiar a recepção de Espíritos que lhe são vinculados, impossibilitando mesmo que se reencarnem por seu intermédio.

Irrisão, porém, porquanto as Soberanas Leis da Vida dispõem de meios para fazer que aqueles rejeitados venham por outros processos à porta dos seus devedores ou credores, em circunstâncias quiçá mui dolorosas, complicadas pela irresponsabilidade desses cônjuges que ajam com leviandade, em flagrante desconsideração aos Códigos Divinos.

Assevera-se que procriar sem poder educar, ter filhos sem recursos para cuidá-los, aumentando, incessantemente, a população da Terra, representa condená-los à miséria, e a sociedade do futuro a destino inditoso...

Ainda aí o argumento se reveste do sofisma materialista, que um dia inspirou Malthus na sua conceituação lamentável e no não menos infeliz neomalthusianismo que adveio posteriormente...

Ninguém pode formular uma perfeita visão do porvir para a Humanidade, e os futurólogos que aí se encontram têm estado confundidos pelas próprias previsões, nas surpresas decorrentes da sucessão dos acontecimentos ainda nos seus dias...

A cada instante, recursos novos e novas soluções são encontrados para os problemas humanos.

Escasso, porém, é o amor nos corações, cuja ausência fomenta a fome de fraternidade, de afeição e de misericórdia, responsável pelas misérias que se multiplicam em toda parte.

Não desejamos aqui reportar-nos às guerras de extermínio, que o próprio homem tem engendrado e de que se utiliza a Divindade para manter o equilíbrio demográfico, tampouco às calamidades sísmicas que irrompem cada dia voluptuosas, convidando a salutares reflexões... Quando um filho enriquece um lar, traz com ele os valores indispensáveis à própria evolução, intrínseca e extrinsecamente.

A cautela de que se utilizam alguns pais, aguardando comodidade financeira para pensar na progenitura, nem sempre é válida, graças às próprias vicissitudes que conduzem uns à ruína econômica e outros à abastança por meios imprevisíveis.

A programação da família não pode ser resultado da opinião genérica de demógrafos assustados, mas fruto do diálogo franco e ponderado dos próprios cônjuges, que assumem a responsabilidade pelas atitudes de que darão conta.

O uso dos anticonceptivos, como a implantação no útero de dispositivos anticoncepcionais, mesmo quando considerado legal, higiênico, necessita possuir caráter moral a fim de se evitar danos de variada consequência ética.

A chamada necessidade do *amor livre* vem impondo o uso desordenado dos anovulatórios, de certo modo favorecendo a libertinagem humana, a degenerescência dos costumes, a desorganização moral e, consequentemente, social dos homens, que se tornam vulneráveis à delinquência, à violência e às múltiplas frustrações que ora infelicitam verdadeiras multidões que transitam inermes e hebetadas, arrojando-se aos abusos alucinógenos, à loucura, ao suicídio...

Experiências de laboratório com roedores, aos quais se permite a procriação incessante, hão demonstrado que a superpopulação em espaços exíguos os alucina e os incapacita... Daí defluem, apressados, que o mesmo se vem dando com o homem, para justificar a falência dos valores éticos, e utilizando-se da observação a fim de fomentarem a necessidade de impedir-se a natalidade espontânea... Em realidade, porém, os fatos demonstram que, com o homem, o fenômeno não é análogo.

Quando os recursos do Evangelho forem realmente aplicados, a pacificação e a concórdia dominarão os corações...

Antes das deliberações finalistas quanto à utilização deste ou daquele recurso anticonceptivo, no falso pressuposto de diminuir a densidade de habitantes no mundo, recorre ao Evangelho, ora e medita.

Deus tudo provê, sem dúvida, utilizando o próprio homem para tais fins.

Em toda parte na Criação vigem as leis do equilíbrio, particularmente do equilíbrio biológico.

Olha em derredor e concordarás.

Os animais multiplicam-se, as espécies surgem ou desaparecem por impositivos evolutivos, naturais.

Muitas espécies ora extintas sofreram a sanha do homem desavorado. Mas a Ordem Divina sempre programou com sabedoria a reprodução e o desaparecimento automático.

O fantasma da fome de que se fala, mesmo quando a Terra não possuía superpopulação, como as pestes e as guerras, dizimou no passado cidades, países inteiros. Conserva os códigos morais insculpidos no Espírito e organiza tua família, confiante, entregando-te a Deus e porfiando no bem, porquanto, em última análise, d'Ele tudo procede como atento Pai de todos nós.

## 11

## Infortúnios

Do ponto de vista humano, infortúnio ou desgraça significa tudo que perturba a comodidade e contraria as ambições imediatas em que se compraz a criatura humana.

Educada por técnicas de condicionamento para colimar resultados utilitaristas, não obstante as vinculações religiosas que se permite, os seus agitados passos a levam quase sempre aos interesses materialistas, fazendo-a atormentada, aflita e infeliz...

Observado, no entanto, do ponto de vista espiritual, o infortúnio que poderia significar verdadeira desdita para os desarmados morais faculta aos que sabem entregar-se a Deus conquistas que se trasladam para a Vida imortal – a verdadeira.

As dores de qualquer procedência, as injunções de toda natureza, as enfermidades ditas incuráveis, a presença da pobreza material, a ausência dos valores amoedados, a ingratidão das pessoas amadas representam apelos ao Espírito calceta e atrabiliário para cuidar quanto antes da sua renovação e consequente ascensão moral.

Provas e expiações de qualquer monta são necessidades elaboradas por nós próprios, a fim de repararmos as faltas cometidas, encontrando na dor, que se deve superar, os recursos valiosos para a libertação dos gravames inditosos e a paz da consciência.

Não são, portanto, desgraças reais os chamados infortúnios, conforme conceituam as convenções do utilitarismo e do imediatismo.

O verdadeiro infortúnio pode ser encontrado na ausência da fé em Deus, com o impositivo de prosseguir-se caminhando entre dores e desesperações, sem os arrimos abençoados da crença e da esperança.

Infortunados estão aqueles que traíram a consciência e se enganaram, a si mesmos, não se dando conta do delito, apesar do apelo da razão que desperta e deseja fixar-se vitoriosa sobre o instinto.

Verem-se assinalados pela imperiosa necessidade de redimir-se e não poder, prosseguindo estiolados pelas conjunturas perniciosas a que se afervoram, sim, isto constitui para tais uma desventura das mais rudes, porquanto anestesia o Espírito e dilui a esperança do porvir, pela falta de alento e da reserva de forças necessárias para se construir a alegria que decorre da resignação.

Há, porém, entre os que experimentam infortúnios, aqueles que, no estrugir das dores e na concussão das angústias, perseveram confiantes, aguardando o auxílio da Divina Misericórdia, sem rebeldia nem recriminação, podendo exalçar o amor e agradecer os sofrimentos que os lapidam...

Dos infortúnios, o Espírito consciente retira, sempre, bênçãos de consolação e equilíbrio se permanecendo fiel a si mesmo e ao Pai Criador que o destina à ventura.

Muitos desavisados consideram que a *perda das pessoas amadas* é verdadeira desgraça, quando, em verdade, morrer não é finar-se nem consumir-se, mas libertar-se.

Incontáveis pessoas se queixam de infelicidade diante de enfermos queridos que se demoram amarrados em paralisias constritoras, para eles anelando a morte como bênção, esquecidos de que a imobilidade de hoje resulta da má direção que antes deram aos próprios passos.

Pais desarvorados se revoltam, crendo-se inditosos, ao receberem nos braços, que aguardavam um ser perfeito, o filhinho hebetado, idiotizado, débil ou marcado por anomalias outras que o afeiam e entristecem. E preferem não acreditar que a Justiça Superior lhes devolveu aquele que ajudaram a infelicitar-se no passado, ora retornando com os sinais da desdita num corpo de expiação redentora.

Pessoas reduzidas à miséria econômica acreditam-se presas da adversidade e rebolcam-se, desarvoradas, em injustificado desespero, quando poderiam recorrer aos tesouros da oração e da paciência, mediante o trabalho contínuo, com que se credenciariam a tentames de outra relevância.

Dor é advertência e lição que ninguém deve desprezar.

Sim, há *infortúnios* que elevam e infortúnios que desgraçam.

É desgraça a fuga cobarde pelo suicídio, através de cujo ato o homem se rebela contra Deus e a vida, rompendo, tresloucado, os compromissos de reabilitação para atirar-se nos poços sem fundo das dores inimagináveis e dos remorsos sem-termo...

Suplício sem conforto, também, o do homicida de qualquer classe, que rouba a vida do seu irmão, dirigido pelo ódio ou pelo ciúme, pela suspeita ou pela ganância, pela revolta ou pela *piedade*...

O santo e o apóstolo, o anjo e o missionário são trabalhados na forja ardente do sofrimento purificador, tomando forma na bigorna e no malho das aflições que suportam e vencem.

Tarefa sacrossanta está reservada ao Espiritismo: a de preparar o homem para as circunstâncias nem sempre agradáveis, imediatamente, que há de defrontar pelo caminho redentor.

Ensinando-lhe que cada um é o construtor do seu próprio destino, recebendo conforme produziu, concede-lhe a indispensável maturidade para conscientizá-lo quanto às responsabilidades decorrentes dos seus atos.

Assim, a dor e o agravo, a angústia e o desespero são vigorosas terapêuticas da vida para que o enfermo espiritual inveterado se preocupe com a cura real e se volte em definitivo para os elevados objetivos da Vida maior, em cujo rumo se encontra desde agora, lá chegando quando a desencarnação o despir da transitória indumentária em que marcha, tentando a felicidade que só mais tarde alcançará, após resgatados os compromissos atrasados.

# 12

# Aborto delituoso

Nada que o justifique. Infanticídio execrável, o aborto delituoso é covarde processo de que se utilizam os Espíritos fracos para desfazer-se da responsabilidade, incidindo em grave delito de que não se poderão exonerar com facilidade.

Não obstante, em alguns países, na atualidade, o aborto sem causa justa – e como causa justa devemos considerar o aborto terapêutico, cuja interferência médica se objetiva a salvação da vida orgânica da gestante – encontre-se legalizado, produzindo inesperada estatística de alto índice, perante as leis naturais que regem a vida, continua a ser atentado criminoso contra um ser que se não pode defender, constituindo, por isso mesmo, dos mais nefandos atos de agressão à criatura humana...

Defensores insensatos do aborto delituoso costumam alegar que nos primeiros meses *nada existe*, olvidando que, em verdade, o tempo da fecundação é de somenos importância... A vida humana, em processo de crescimento, merece o mais alto respeito, desde que, com a sucessão dos dias, o feto estará transformado no homem ou na mulher, que tem direito à oportunidade da experiência carnal, por impositivo divino.

A ninguém é concedida a faculdade de interromper o fenômeno da vida sem assumir penoso compromisso de que não se liberará sem pesado ônus...

Nenhum processo reencarnatório resulta da incidência casual de fatores que impelem os gametas à fecundação extemporânea. Se assim fora, resultaria permissível ao homem aceitar ou não a conjuntura.

Alega-se, também, que é medida salutar a legalização do aborto, em considerando que a sua prática criminosa é tão relevante, que a medida tornada aceita evita a morte de muitas mulheres temerosas que, em se negando maternidade, entregam-se a mãos inescrupulosas e caracteres sórdidos, que agem sem os cuidados necessários à preservação da saúde e da vida...

Um crime, todavia, de maneira alguma justifica a sua legalização, fazendo que desapareçam as razões do que o tornavam prática ilícita.

A vida é patrimônio divino que não pode ser levianamente malbaratado.

Desde que os homens se permitem a comunhão carnal, é justo que se submetam ao tributo da responsabilidade do ato livremente aceito.

Toda ação que se pratica gera naturais reações que gravitam em torno do seu autor.

Examinando-se ainda a problemática do aborto legal, as leis são benignas quando a fecundação decorre da violência pelo estupro... Mesmo em tal caso, a expulsão do feto, pelo processo abortivo, de maneira nenhuma repara os danos já ocorridos...

Não raro, o Espírito que chega ao dorido regaço materno, através de circunstância tão ingrata, transforma-se em floração de bênção sobre a cruz de agonias em que o coração feminil se esfacelou...

A renúncia a si mesmo pela salvação de outra vida concede incomparáveis recursos de redenção para quem se tornou vítima da insidiosa trama do destino...

Sucede, porém, que o sofredor inocente de agora está ressarcindo dívida, ascendendo pela rota da abnegação e do sacrifício aos páramos da felicidade.

Não ocorrem incidentes que estabeleçam nos quadros das Leis Divinas injustiça em relação a uns e exceção para com outros...

O aborto, portanto, mesmo quando aceito e tornado legal nos estatutos humanos, fere violentamente as Leis Divinas, continuando crime para quem o pratica ou a ele se permite submeter.

Legalizado, torna-se aceito, embora continue não moral.

Retornará à tentativa de recomeço na Terra o Espírito que foi impedido de renascer.

Talvez em circunstância mais grave para a abortista se dê o reencontro com aquele de quem gostaria de se libertar.

Vinculados por compromissos de inadiável regularização, imantam-se reciprocamente, dando início, quando o amor não os felicita, a longos processos de alienações cruéis e enfermidades outras de etiologia mui complexa.

Atende, assim, a vida, sob qualquer modalidade que se te manifeste.

No que diz respeito à porta libertadora da reencarnação, eleva-te, mediante a concessão da oportunidade aos Espíritos que te buscam, confiando em Deus, o Autor da Criação, mantendo a certeza de que se as aves dos céus e as flores do campo recebem carinhoso cuidado, mais valem os homens, não estando, portanto, à mercê do abandono ou da ausência dos socorros divinos.

Nada que abone ou escuse o homem pela prática do aborto delituoso, apesar do desvario moral que avassala a Terra e desnorteia as criaturas.

Todo filho é empréstimo sagrado que deve ser valorizado e melhorado pelo cinzel do amor dos pais, para oportuna devolução ao Genitor Celeste.

Não adies a tua elevação espiritual através da criminosa ação do aborto, mesmo que as dificuldades e aflições sejam o piso por onde seguem os teus pés...

Toda ascensão impõe o encargo do sacrifício. O topo da subida, porém, responde com paz e beleza aos empecilhos que se sucedem na jornada. Chegarás à honra da paz, após a consciência liberada dos débitos e das culpas.

Matar, nunca!

## 13

# DESQUITE[3] E DIVÓRCIO

Na sua generalidade, o matrimônio é laboratório de reajustamentos emocionais e oficina de reparação moral, através do qual Espíritos comprometidos se unem para elevados cometimentos no ministério familial.

Sem dúvida, reencontros de Espíritos afins produzem vida conjugal equilibrada, em clima de contínua ventura, através da qual missionários do saber e da bondade estabelecem a união, objetivando nobres desideratos, em que empenham todas as forças.

Outras vezes, programando a elaboração de uma tarefa relevante para o futuro deles mesmos, penhoram-se numa união conjugal que lhes enseje reparação junto aos desafetos e às vítimas indefesas do passado, para cuja necessidade de socorrer e elevar compreendem ser inadiável.

Fundamental, entretanto, em tais conjunturas, a vitória dos cônjuges sobre o egoísmo, granjeando recursos que os credenciem a passos mais largos, na esfera das experiências em comum.

---

3. Atualmente, o desquite equivale à separação judicial, nos termos do código civil de 2002 (nota da Editora).

Normalmente, porém, através do consórcio matrimonial, exercitam-se melhor as virtudes morais que devem ser trabalhadas a benefício do lar e da compreensão de ambos os comprometidos na empresa redentora. Nessas circunstâncias, a prole, quase sempre vinculada por desajustes pretéritos, é igualmente convocada ao buril da lapidação, na oficina doméstica, de cujos resultados surgem compromissos vários em relação ao futuro individual de cada membro do clã, como do grupo em si mesmo.

Atraídos por necessidades redentoras, mas despreparados para elas, os membros do programa afetivo, não poucas vezes, descobrem, de imediato, a impossibilidade de continuar juntos.

De certo modo, a precipitação resultante do imediatismo materialista que turba o discernimento, quase sempre pelo desequilíbrio no comportamento sexual, é responsável pelas alianças de sofrimento, cuja harmonia difícil, quase sempre, culmina em ódios ominosos ou tragédias lamentáveis.

Indispensável, no matrimônio, não se confundir paixão com amor, interesse sexual com afeição legítima.

Causa preponderante nos desajustes conjugais é o egoísmo, que se concede valores e méritos superlativos em detrimento do parceiro a quem se está vinculado.

Mais fascinados pelas sensações brutalizantes do que pelas emoções enobrecidas, fogem os nubentes desavisados um do outro, a princípio pela imaginação e depois pela atitude, abandonando a tolerância e a compreensão, de pronto iniciando o comércio da animosidade, ou dando corpo às frustrações que degeneram em atritos graves e enfermidades perturbadoras.

Comprometessem-se, realmente, a ajudar-se com lealdade, estruturassem-se nos elementos das lições evangélicas, compreendessem e aceitassem como legítimas a transitoriedade do corpo e o valor da experiência provacional, e se evitariam incontáveis dramas, inumeráveis desastres do lar, que ora desarticulam as famílias e infelicitam a sociedade.

O casamento é contrato de deveres recíprocos, em que se devem empenhar os contratantes a fim de lograrem o êxito do cometimento.

A sociedade materialista, embora disfarçada de religiosa, facilita o rompimento dos liames que legalizam o desposório por questões de somenos importância, facultando à grande maioria dos comprometidos perseguirem sensações novas, com que desbordam pela via de alucinações decorrentes de sutis como vigorosas obsessões, resultantes do comportamento passado e do desassisamento do presente.

O divórcio como o desquite são, em consequência, soluções legais para o que moralmente já se encontra separado.

Evidente que tal solução é sempre meritória, por evitar atitudes mais infelizes que culminam em agravamento de conduta para os implicados na trama dos reajustamentos de que não se evadirão.

Volverão a encontrar-se, sem dúvida, quiçá em posição menos afortunada, oportunamente.

Imprescindível que, antes da atitude definitiva para o desquite ou o divórcio, tudo se envide em prol da reconciliação, ainda mais considerando quanto os filhos merecem que os pais se imponham uma união respeitável, de cujo esforço muito dependerá a felicidade deles.

Períodos difíceis ocorrem em todo e qualquer empreendimento humano.

Na dissolução dos vínculos matrimoniais, o que padeça a prole será considerado como responsabilidade dos genitores, que se somassem esforços poderiam ter contribuído com proficiência, através da renúncia pessoal, para a dita dos filhos.

Se te encontras na difícil conjuntura de uma decisão que implique problema para os teus filhos, para e medita. Necessitam de ti, mas também do outro membro-base da família.

Não te precipites, através de soluções que às vezes complicam as situações.

Dá tempo a que a outra parte desperte, concedendo-lhe ensancha para o reajustamento.

De tua parte permanece no posto.

Não sejas tu quem tome a decisão.

A humildade e a perseverança no dever conseguem modificar comportamentos, reacendendo a chama do entendimento e do amor, momentaneamente apagada.

Não te apegues ao outro, porém, até a consumação da desgraça.

Se alguém não mais deseja, espontaneamente, seguir contigo, não te transformes em algema ou prisão.

Cada ser ruma pela rota que melhor lhe apraz e vive conforme lhe convém. Estará, porém, aonde quer que vá, sob o clima que merece.

Tem paciência e confia em Deus.

Quando se modifica uma circunstância ou muda uma situação, não infiras disso que a vida e a felicidade se acabaram.

Prossegue animado de que aquilo que hoje não tens será fortuna amanhã em tua vida.

Se estiveres a sós e não dispuseres de forças, concede-te outra oportunidade, que enobrecerás pelo amor e pela dedicação.

Se te encontrares ao lado de um cônjuge difícil, ama-o, assim mesmo, sem deserção, fazendo dele a alma amiga com quem estás incurso pelo pretérito, para a construção de um porvir ditoso que a ambos dará a paz, facultando, desse modo, a outros Espíritos que se *revincularão* pela carne, a ocasião excelente para a redenção.

# 14

# Eutanásia

Tema de frequente discussão, por uns defendida, por outros objurgada, a eutanásia, ou *sistema que procura dar morte sem sofrimento a um doente incurável*, retorna aos debates acadêmicos, em face da sua aplicação sistemática por eminentes autoridades médicas, em crianças incapazes físicas ou mentais desde o nascimento, internadas em hospitais pediátricos, sem esperanças científicas de recuperação ou sobrevivência...

Prática nefanda que testemunha a predominância do conceito materialista sobre a vida, que apenas vê a matéria e suas implicações imediatas, em detrimento das realidades espirituais, reflete, também, a soberania do primitivismo animal na constituição emocional do homem.

Na Grécia antiga, a hegemonia espartana, sempre armada para a guerra e a destruição, inseriu no seu Estatuto o emprego legal da *eutanásia eugênica* em referência aos enfermos, mutilados, psicopatas considerados inúteis, que eram atirados ao Rio Eurotas por pesarem negativamente na economia do Estado. Guiados por superlativos egoísmo e prepotência, apesar das arremetidas arbitrárias do exage-

rado orgulho nacional, fizeram-se vítimas da impulsividade belicosa que cultivavam...
 Outros povos, desde a mais remota antiguidade, permitiam-se praticar esse *homicídio exercido por compaixão*... Em circunstância alguma, ou sob qualquer motivo, não cabe ao homem direito de escolher e deliberar sobre a vida ou a morte em relação ao seu próximo.
 Os criminosos mais empedernidos, homicidas ou genocidas dentre os mais hediondos, não devem ter ceifadas as vidas, antes serem isolados da convivência social, em celas, ou em trabalhos retificadores, nos quais expunjam sob a ação do tempo e da reflexão, que tarda, mas alcança o infrator, fazendo-os expiar os delitos perpetrados.
 Mesmo quando em se tratando de precitos anatematizados por desconserto mental, não faltam nosocômios judiciários onde possam receber conveniente assistência a que têm direito, sem que sejam considerados inocentes pelos crimes perpetrados... Em recuperando a saúde, eventualidade excepcional que pode ocorrer, cerceados, pelo perigo de provável reincidência psicopática, poderão, de alguma forma, retribuir de maneira positiva à sociedade, os danos que hajam causado.
 No que tange aos enfermos ditos irrecuperáveis, convém considerar que doenças, ontem detestáveis quanto incuráveis, são hoje capítulo superado pelo triunfo de homens-sacerdotes da Ciência Médica, que a enobrecem pelo contributo que suas vidas oferecem a benefício da Humanidade. Sempre há, pois, possibilidade de amanhã conseguir-se a vitória sobre a enfermidade irreversível de hoje. Diariamente, para esse desiderato, mergulham na carne Espíritos missionários que se aprestam a apressar e impulsionar o progresso, realizando descobrimentos e conquis-

tas superiores para a vida, fonte poderosa de esperança e conforto para os que sofrem, em nome do Supremo Pai.

Diante das expressões teratológicas, em vez da precipitação da falsa piedade em aliviar os padecentes dos sofrimentos, se há de pensar na terapêutica divina, que se utiliza do presídio orgânico e das jaulas mentais para justiçar os infratores de vários matizes que passaram na Terra impunes, despercebidos, mas não puderam fugir às sanções da consciência em falta nem da Legislação Superior, à qual rogaram ensejo de recomeço, recuperação e sublimação porque anelavam pela edificação da paz íntima.

Suicidas – esses pobres revoltados contra a Divindade – que esfacelaram o crânio, em arremetidas de ódio contra a existência, reencarnam perturbados pela idiotia, surdo-mudez, conforme a parte do cérebro afetada, ou por hidrocefalias, mongolismos; os que tentaram o enforcamento reaparecem com os processos da paraplegia infantil; os afogados padecem enfisema pulmonar; os que desfecharam tiros no coração retornam sob o jugo de cardiopatias congênitas irreversíveis, dolorosas; os que se utilizaram de tóxicos e venenos volvem sob o tormento das deformações congênitas, da asfixia respiratória, ou estertorados por úlceras gástricas, duodenais e cânceres devoradores; os que despedaçaram o corpo em fugas espetaculares recomeçam vitimados por atrofias, deformações, limitações pungentes, em que aprendem a valorizar a grandeza da vida...

Agressores, exploradores, amantes da rapinagem, das arbitrariedades, dos abusos de qualquer natureza volvem aos cenários em que se empederniram, ou corromperam, ou infelicitaram, atingidos pelo sinete das Soberanas Leis da ordem e do equilíbrio, refazendo o caminho antes percorrido criminosamente e entesourando os sagrados valores da paciência, da compreensão, do respeito a si mesmos e ao próximo, da humildade, da resignação, armando-se de bênçãos para futuros cometimentos ditosos.

Quem se poderá atribuir o direito de interromper-lhes a existência preciosa, santificadora?

As pessoas que se lhes vinculam na condição de pais, cônjuges, irmãos, amigos, também lhes são partícipes dos dramas e tragédias do passado, responsáveis diretos ou inconscientes, que ora se reabilitam, devendo distender-lhes mãos generosas, auxílio fraterno, pelo menos migalhas de amor.

Ninguém se deverá permitir a interferência destrutiva ou liberativa por meio da eutanásia em tais processos redentores. Pessoas que se dizem penalizadas dos sofrimentos de familiares e que desejam os tenham logo cessados, quase sempre agem por egoísmo, pressurosos de libertarem-se do comprometimento e da responsabilidade de ajudá-los, sustentá-los, amá-los mais.

Não faltam terapêuticas médicas e cirúrgicas que podem amenizar a dor, perfeitamente compatíveis com a caridade e a piedade cristãs.

A ninguém é dado precisar o tempo de vida ou sobrevida de um paciente. São tão escassos de exatidão os prognósticos humanos neste setor do conhecimento, quanto ocorre noutros!

Quantos enfermos, rudemente vencidos, desesperados, recobram a saúde sem aparente razão ou lógica?! Quantos outros homens em excelente forma, portadores de sanidade e robustez, são vitimados por surpresas orgânicas e sucumbem imprevisivelmente?!

O conhecimento da reencarnação projeta luz nos mais intrincados problemas da vida, dirimindo os equívocos e as dúvidas em torno da saúde como da enfermidade, da desdita como da felicidade, e contribuindo eficazmente para a perfeita assimilação dos postulados renovadores de que Jesus Cristo se fez vexilário por excelência e o Espiritismo, o *Consolador* encarregado de demonstrá-lo nos tormentosos dias da atualidade.

Argumentam, porém, os utilitaristas, que as importâncias despendidas com os pacientes irrecuperáveis poderiam ser utilizadas para pesquisas valiosas, ou para impedir que homens sadios enfermassem, ou para assistir convenientemente aos que, doentes, podem ser salvos... E devaneiam, utopistas, insensatos, sem considerar as fortunas que são atiradas fora em espetáculos ruidosos e funestos de exaltação da sensualidade, do fausto exagerado, das dissipações, sem que lhes ocorram a necessidade da aplicação correta de tais patrimônios em medidas preventivas salutares ou socorro às multidões esfaimadas e nuas que enxameiam por toda parte, perecendo, à guisa de migalha de pão, chafurdando no desespero pela ausência de uma gota de luz ou uma insignificante contribuição de misericórdia.

Cada minuto em qualquer vida é, portanto, precioso para o Espírito em resgate abençoado. Quantas resoluções nobres, decisões felizes ou atitudes desditosas ocorrem num relance de momento?

Penetrando-se o homem de responsabilidade e caridade, luarizado pela fé religiosa, fundada em fatos da imortalidade, da comunicabilidade e da reencarnação, abominará em definitivo a eutanásia, tudo envidando para cooperar com o seu irmão nos justos ressarcimentos que a Divina Justiça lhe outorga para a conquista da paz interior e da evolução.

# 15

## Pena de morte

Em razão do crescente surto da delinquência na sua multiplicidade chocante, que se espalha na Terra de forma avassaladora, em que o crime se impõe desarvorado, esmagando as florações da esperança e da bondade, legisladores de toda parte voltam a interrogar e sugerir quanto à necessidade da aplicação da pena capital diante de determinados desrespeitos ao código dos direitos do homem, à sua vida e liberdade...

O problema, porém, não obstante a gravidade de que se reveste, não poderá ser solucionado por processos análogos que defluem da violência do próprio crime ulteriormente pelo Estado tornado legal.

Lactâncio, cognominado o *Cícero cristão*, já enunciava no século III que "a eliminação da vida de um homem é sempre uma afronta a Deus".

A vida é patrimônio por demais precioso para ser ceifada seja por quem seja. A ninguém, individual ou representativamente pelo Estado, cabe o direito de eliminar o homem, mesmo quando este delinquir da forma mais grotesca ou vil. Se o Estado o fizer, torna-se igual ao delinquente que roubou à vítima sua vida.

Em cada criminoso vige um alienado necessitado de assistência competente, de modo a reorganizar as paisagens íntimas por meio de terapêutica especializada, a fim de se tornar cidadão útil a si mesmo e à comunidade onde se encontra situado pelos impositivos da vida.

A tarefa que compete às leis é a de eliminar o crime, as causas que o fomentam, não o equivocado criminoso.

A morte do delinquente não devolve a vida da vítima.

Ao invés da preocupação de matar, encontrar recursos para estimular a vida.

Educar, reeducar são impositivos inadiáveis; punir, não. Tenhamos tento!

Não há, no Evangelho, um só versículo que apoie a pena de morte.

Quando o homem cai nas malhas do crime e culmina sua ação nefanda no extermínio de vidas ou atenta contra a propriedade por meios da violência, justo que seja cerceado do convívio social, a fim de tratar-se, corrigir-se, resgatar as faltas cometidas, mediante processos compatíveis com as conquistas da moderna civilização.

De forma alguma a pena de morte faz diminuir a incidência da criminalidade. Ao contrário, torna-a mais violenta e selvagem, fazendo que o tresloucado agressor, que sabe o destino que lhe está reservado, mais açuladas tenha as paixões destruidoras, arrojando-se irremissivelmente nos dédalos das alucinações dissolventes.

Compete ao Estado deixar sempre acessível a porta para o ensejo de reparação ao sicário impiedoso ou ao flagelo humano que se converteu em vândalo desavisado.

Se o Estado ceifa a vida de um cidadão, não tem o direito de exigir que outros a respeitem.

A morte não destrói a vida. Libertando-se o criminoso do domicílio carnal, intoxicado pelo ódio dos instantes finais, vincula-se psiquicamente àqueles que lhe infligiram tal punição, mantendo comunhão mental de rebeldia, por meio da qual mais torpes e sombrias ficam as paisagens humanas...

Processo bárbaro, a pena de morte é tratamento da impiedade e do primitivismo que aniquila a esperança por antecipação, marcando a data da punição destruidora, fora de qualquer possibilidade redentora, que há de desaparecer da legislação terrena.

O criminoso não fugirá à consciência nem à injunção reparadora pelas Supremas Leis da Vida. Justo, portanto, facultar ao revel ensancha de recompor-se e reparar quanto possível os males perpetrados.

Nesse sentido, a Penologia dispõe de salutares programas de redenção para os transgressores da ordem e do direito, trânsfugas do dever e da responsabilidade, nossos irmãos atormentados da senda evolutiva.

Obviamente a questão se situa na anterioridade da alma, no seu processo depurador...

Necessário implantar na Terra, quanto antes, as condições morais saudáveis de que nos fala o Evangelho, a fim de auxiliarmos tais Espíritos enfermos que retornam para reajustarem-se, defrontando desafetos e adversários que a morte aniquilou, tornando-os irmãos e amigos.

Sem dúvida as condições sociais que promovem o crime e fomentam a existência dos criminosos devem merecer melhor tratamento humano, a fim de que aqueles que vivem nos escabrosos e sórdidos *guetos* de miséria conheçam a dignidade e sejam com honradez considerados.

Aristóteles, na sua *Política*, preceituava que o homem, para ser virtuoso, necessitava possuir alguns bens: do espírito, do corpo e das coisas exteriores, sem os quais germes criminógenos poderiam levá-lo ao desequilíbrio.

A era tecnológica, mais preocupada com os valores objetivos e os da indústria do supérfluo e da inutilidade, vem esquecendo os legítimos ideais do homem, seus pendores espirituais, suas realizações éticas, seus sonhos e ideais de enobrecimento.

Emulando para as aquisições de fora, facultando comodidade e prazer imediatos, faz anular a felicidade no seu sentido profundo, que independe das conquistas transitórias para as realizações essenciais e imorredouras do ser...

Aos cristãos legítimos cabe o indeclinável labor de persistir na bondade, na equidade, na paciência.

A perseverança no amor, talvez com resultados demorados, consegue a modificação da face externa das coisas e da intimidade humana para as realizações do enobrecimento.

Matar, jamais!

Um crime não pode ser solucionado por meio de outro, dê-se-lhe o nome ou a posição legal que se lhe queira dar: jamais terá validade moral.

Diante, portanto, da agressividade, revida com a tolerância.

Ante a ira, resposta com a benevolência.

Junto ao ódio, dissemina o amor.

Ao lado da hostilidade sistemática, propõe o perdão indistinto.

Perante o acusador gratuito, oferece a paciência gentil, tradutora da inocência.

Só o bem tem existência real e permanente. Consegue triunfar, por fim, mesmo quando aparentemente campeia e domina o mal.

Não engrosses as fileiras dos que, violentos, pensam em eliminar...

São capazes, também, na sua revolta, de cometer crimes equivalentes àqueles para os quais, veementemente, pedem a punição capital do infrator. Ignoras tuas forças. Não sabes como te portarias na posição daquele que agora é o algoz.

Esparze e semeia o amor, sim, criando condições joviais e felizes para todos, oferecendo o teu precioso contributo – mesmo que seja a coisa mais insignificante –, a fim de modificar o estado atual do mundo, e o crime baterá em retirada, constituindo no futuro triste sombra do passado, conforme nos promete Jesus.

# 16

# Adversários

Ninguém, na Terra, que esteja indene à vigilante presença deles. Transitam pelo caminho de todos, inspecionando as imperfeições alheias e fazendo exigências, acoimados por sentimentos torpes, em faina de desforço contínuo de que não se saciam nunca.

Sorriem, alguns, dissimulando reações contraditórias de animosidade, que os atormenta. Parceiros de folguedos ou de atividades, constituem premente aflição que estruge a cada passo em bem-urdido programa ou precipitados revides de idiossincrasia que não conseguem superar.

A grande maioria ignora a razão por que se fazem adversários – como se razão alguma houvesse ou justificasse o culto da inimizade.

Simplesmente se deixam afetar pelos sentimentos inferiores e intoxicam-se pelos *vapores* que procedem das fixações mentais enfermiças com que se acreditam realizados emocionalmente.

Porque alguém logre determinadas metas que eles não conseguiram, derrapam nas vias da insensatez, que faculta a vigência da inveja e do despeito, investindo, em desalinho, na condição de sicários impiedosos.

Sob a injunção de problemas íntimos que dão origem a complexos negativos e recalques pessimistas, supõem-se traídos, subestimados, enveredando pelos difíceis caminhos da ira, que fomenta a rebeldia, traduzindo-se como rudes opositores.

Não desejando oferecer as necessárias quão preciosas quotas de sacrifício e abnegação que outros se concedem para as lutas do quotidiano, deslizam pelo ciúme até o bordo da antipatia, revelando-se verazes censores e perseguidores sistemáticos.

A mágoa que se permitem conservar algumas pessoas, anestesiadas nos centros do discernimento pela presunção, convertem-nas em problemas para o próximo, vitalizando as paixões subalternas que as transformam em singulares desafetos...

...Sempre se podem encontrar motivos para opor-se a outrem. Falsos argumentos de que se utiliza a fraqueza moral, para dar vazão às próprias imperfeições que transfere para o próximo, em face da falta de coragem para enfrentar-se e corrigir-se, adquirindo valores para a própria ascensão, de cujo elevado posto as perspectivas mudam de configuração, assumindo os seus aspectos reais.

A visão das baixadas é limitada pelos horizontes estreitos, quanto os exames e considerações em torno das atitudes alheias se apresentam com as cores das lentes com que são observadas...

Os idealistas de todos os portes sofreram na face o pesado guante que lhes foi atirado.

Os heróis de todo cometimento experimentaram a agudeza das suas lanças e as suas múltiplas farpas.

Os santos e os apóstolos de todos os matizes foram afligidos pelo zurzir do látego e dos doestos deles.

Os missionários da Ciência e os sacerdotes do saber estiveram sob a alça de mira das suas armas, e não poucos expiaram nos suplícios infames que lhes impuseram.

Se te alças à glória da redenção pelo amor ou se desces à sombra para o auxílio, não te concederão trégua, porquanto preferem o parasitismo e a inutilidade em que se detêm.

A ação do bem os incomoda.

Isto porque ainda predominam no homem as heranças inferiores das faixas primevas de onde procede...

Pensam esses ácratas que é mais fácil perseguir e inquietar do que apaziguar e erguer.

Não sabem o que fazem, ou preferem, por enquanto, não o saber.

Pululam entre os encarnados e estão presentes além da forma física, prosseguindo na nefanda irrisão e fantasia inditosa a que se renderam, infantis.

Todos lhes sofrem as investidas.

São, no entanto, benfeitores indiretos, se conseguires aproveitá-los.

Sem o saberem, auxiliar-te-ão no descobrimento das falhas morais que deves corrigir; chamar-te-ão a atenção para gravames que afeiam a tua conduta; apontar-te-ão debilidades do caráter e senões do comportamento de que ainda não te deste conta; dir-te-ão com acrimônia as incidências cometidas neste ou naquele erro e que te passaram despercebidas; impor-te-ão exercícios de paciência e renúncia, exprobrando-te equívocos irrelevantes e enganos de pequena monta; exigir-te-ão austeridade no exemplo e otimismo no proceder, concitando-te à humildade...

Exagerarão nos informes infelizes e não te darão repouso nem trégua... Com isto te libertarás deles.

O importante é não ser adversário de ninguém, perseguidor de pessoa alguma, mergulhando no imo a fim de extirpar os reais inimigos da paz, que residem no cerne de cada criatura, onde proliferam, e enfrentar as refregas, resistindo a não poucos embates, até a vitória...

Quando alguém reage, revidando contra o agressor, passa a sintonizar com ele, mantendo ambos estreita e perniciosa interdependência psíquica, em desditoso comércio mental de ódio dissolvente, que termina por subjugá-los sem reversão.

O esforço exigido, sem dúvida, será contínuo, porquanto esses antagonistas íntimos nascem e renascem, multiplicando-se facilmente nos porões da alma.

Por tal razão, recomendou o Senhor a oração e a vigilância, a fim de que o homem supere as tentações.

Nessa luta sem quartel, muitas dores se somarão, advindo, posteriormente, a saúde total e a total alegria da paz.

Para esse tentame, esforça-te por disciplinar o caráter, fixando hábitos salutares e realizações abençoadas.

Transformarás os inimigos que te criam dificuldades, a pouco e pouco, pelo exemplo de fé, amor e caridade, em auxiliares do teu progresso, e, quiçá, em verdadeiros irmãos do trabalho, se te dispuseres a não revidar o mal com o mal, seja em atos ou em pensamentos, amando-os e considerando-os amigos enfermos aos quais deves ajudar para a tua e a felicidade deles.

# 17

# Doenças mentais e obsessões

Questão grave que requisita acurados estudos e contínuo exame, a fim de haurir-se necessário conhecimento, a que diz respeito à problemática das distonias e afecções psíquicas, sejam decorrentes dos transtornos orgânicos e mentais, sejam de causa obsessiva.

Em cada processo de alienação mental, há uma causa preponderante com complexidades que escapam ao observador menos vigilante e pouco adestrado em relação às questões do espírito.

Sendo o homem um Espírito encarnado em processo evolutivo, somente através do seu conhecimento espiritual serão possíveis os esforços exitosos no solucionamento dos distúrbios que o surpreendem no trânsito carnal...

Cada enfermidade mental tem sua etiopatogenia específica sediada nas intrincadas tecelagens do perispírito do paciente, como resultado do comportamento que se permitiu de maneira equivocada.

Isto porque as Soberanas Leis da Justiça Divina sempre alcançam os infratores dos seus estatutos, onde quer que se encontrem.

O homem, através das realizações, construções mentais e atitudes instala nos centros da vida pensante os *germens* dos distúrbios que produzem alienações das mais diversas, impondo os impostergáveis ressarcimentos pela autopunição, através das psicopatias, psiconeuroses, traumas, obsessões que se apresentam em múltiplos aspectos...

Da neurose simples às complexas manifestações da hidro, da micro e da macrocefalia, do mongolismo, da oligofrenia, passando pelas faixas do retardamento, da demência, da idiotia, da esquizofrenia, as causas atuais possuem suas matrizes na anterioridade do caminho percorrido, no passado, pelo Espírito ora em alienação.

As agressões à caixa craniana e ao cérebro, pela desarvoração que conduz ao suicídio, engendram as anomalias da constituição morfológica e do funcionamento das engrenagens mentais, desarranjadas pelos retardos e atentados perpetrados na suprema rebeldia a que o homem se entrega...

Ninguém foge à vida sem se surpreender com ela mais adiante...

Pessoa alguma se evade à responsabilidade sem que se veja defrontada pelos problemas criados à frente.

Criminosos não justiçados reencarnam com psicoses maníaco-depressivas, como a tentarem fazer justiça ante o delito não ressarcido, fixado na memória.

Homens que enganaram, não obstante as homenagens que desfrutaram, refugiam-se em várias formas de loucura, como a fugirem dos compromissos que não têm coragem para enfrentar...

Na gama multiface das alienações mentais, a obsessão igualmente ocupa lugar expressivo.

Ódios demoradamente cultivados e decorrentes de erros graves vinculam os que se demoram no Além-túmulo aos que se reencarnaram na Terra, produzindo lamentáveis consórcios mentais de consequências imprevisíveis.

Hediondos conciliábulos que transcorreram em sombras, produzindo gravames, convertem-se em heranças de interdependência psíquica, que degeneram em obsessões cruéis...

Amores violentos saciados em sangue, asfixiados em traição, silenciados em infâmias, mantidos em tramas urdidas para se libertar dos empecilhos, reagrupam algozes e vítimas no intercâmbio espiritual que se transforma em subjugações truanescas de curso demorado e pungente...

A *morte* não apaga a memória, antes a aguça, facultando a uns lucidez exagerada, enquanto outros jazem em longo torpor, automaticamente atraídos e imantados aos cômpares dos crimes e descalabros, produzindo interdependência, em comunhão danosa de vampirização fluídica, em que se exaurem as forças constitutivas da cápsula carnal, por onde deambulam os encarnados.

A *morte* é sempre a grande, fatal desveladora de mistérios, de enigmas, de causas ocultas... E a vida física se organiza mediante as consequências dos atos pretéritos, transformados em presídios de dor ou paisagem de liberdade. Simultaneamente, a experiência carnal enseja tesouros de incomparável valor para a elaboração de causas propiciatórias à paz e à felicidade que um dia todos lograrão, depois de depurados e esclarecidos.

Do conhecimento da vida espiritual defluirão preciosos benefícios para a sanidade mental das criaturas humanas.

O Espiritismo, ou Cristianismo moderno, possui as mais valiosas terapêuticas para a problemática mental da atualidade, por ensinar a indestrutibilidade e comunicabilidade do princípio espiritual do homem, asseverando quanto à necessidade das sucessivas reencarnações, anulando o pavor da morte, dos sofrimentos, e sendo o mais perfeito método contra os fatores que produzem traumas, desvarios, desequilíbrios...

Favorecendo o otimismo, este produz a vitalização dos centros do equilíbrio psicofísico, reabastecendo de energias compatíveis as engrenagens eletromagnéticas do campo mental, vitalizando os fulcros debilitados da fomentação de forças mantenedoras da vida.

A diminuição das defesas morais, encarregadas de criar um campo de força defensivo no homem, faculta a invasão microbiana no organismo, permitindo que sequelas desta ou daquela ordem afetem os núcleos do discernimento e da razão, arrojando-o no desconcerto da loucura.

O cultivo da prece, a conversação edificante, o exercício da meditação e da reflexão, as ações nobilitantes, o labor pelo próximo conseguem fortalecer o homem com energias específicas, forrando-o das agressões físicas como espirituais, propiciatórias das distonias múltiplas, promotoras das doenças mentais e obsessivas que tanto o infelicitam.

No sentido oposto, a ociosidade física e mental, o pessimismo, a irritabilidade, o desânimo, a malícia, a ira e o ódio, o ciúme e os vícios facultam não apenas a proliferação dos fatores que geram loucuras, como o surgimento de *matrizes* para fixações obsessivas de consequências graves.

Em razão proporcional aos distúrbios morais, crescem os desvarios mentais, supliciando os Espíritos levianos e culpados, em terapêutica depuradora, de que se poderiam forrar, se não se demorassem vinculados aos círculos da insensatez, da leviandade, do imediatismo...

Em face do conhecimento do Mundo espiritual presente em todos os cometimentos humanos, poderão a Psiquiatria, a Psicologia, a Psicanálise, a Psicossomática enriquecer-se de luzes, para se transformar, realmente, em ciências da alma e da mente a benefício do homem, após vencido o preconceito que, não obstante o respeito que nos merecem, põe-lhes antolhos impeditivos para clara e ampla visão das realidades da vida, na grandeza que lhe é própria.

# 18

# Suicídio

Ato de extremada rebeldia, reação do orgulho desmedido, vingança de alto porte que busca destruir-se ante a impossibilidade de a outrem aniquilar, o suicídio revela o estágio de brutalidade moral em que se demora a criatura humana...

Por um minuto apenas, a revolta atira o ser no dédalo do desvario, conseguindo um tentame de desdita que se alonga por decênios lúridos de amarguras e infortúnios indescritíveis.

Por uma interpretação precipitada, o amor-próprio ferido arroja o homem que se deseja livrar de um problema no poço sem fundo de mais inditosas conjunturas, que somente a peso de demorados remorsos e agonias consegue vencer...

Sob a constrição de injustificável ciúme, a criatura desforça-se da vida, naufragando em águas encrespadas que a afogam sem a acalmar, de cuja asfixia incessante e tormentosa não logra liberar-se...

Em nome da dignidade atirada por terra, arroja-se a pessoa geniosa na covarde fuga pela estrada sem-fim da

cavilosa ilusão, em que carpe, inconsolável, o choro do arrependimento tardio...
Evitando a enfermidade de alongada presença que conduzirá à morte, o impaciente antecipa o momento da libertação e, através desse gesto, escraviza-se por tempo infindável ao desespero e à dor que o afligia, agravados pela soma dos novos infortúnios infligidos à existência que lhe não compete exterminar...
Temendo o sofrimento, o suicida impõe-se maior soma de aflições, no pressuposto de que o ato de cobardia encetado seria sancionado pelo apagar da consciência e pelo sono do nada...
...No fundo de todas as razões predisponentes para o autocídio, excetuando-se as profundas neuroses e psicoses de perseguição, as maníaco-depressivas – que procedem de antigas fugas espetaculares à vida e que o Espírito traz nos refolhos do ser como predisposições à repetição da falência moral –, encontra-se o orgulho tentando, pela violência, solucionar questões que somente a ação contínua no bem e a sistemática confiança em Deus podem regularizar com a indispensável eficiência.
Condicionado para os triunfos de fora, não se arma o homem para as conquistas interiores, cujas realizações se imunizaria para as dificuldades naturais da luta com que se encontra comprometido em prol da própria ascensão.
Mudam-se as circunstâncias, alteram-se os componentes, variam as condições, por piores que se apresentem, mediante o concurso do tempo.
À desdita sobrepõe-se a ventura, ao desaire, a alegria, ao infortúnio resignado, a esperança, quando se sabe converter os espinhos e pedrouços da estrada em flores e bênçãos.
O homem está fadado à ventura e à plenitude espiritual.

Não sendo autor da vida, não obstante se faça o usufrutuário nem sempre responsável, é-lhe vedada a permissão para aniquilá-la.

Rompe-lhe, pelo impulso irrefletido, a manifestação física, jamais, porém, destrói as engrenagens profundas que lhe acionam a exteriorização orgânica.

Toda investida negativa se converte em sobrecarga que deve conduzir o infrator do Código de equilíbrio, que vige em todo lugar.

Alguns que se dizem religiosos, mas desassisados, costumam asseverar, irrefletidos, que preferem adiar o resgate, mesmo que sejam constrangidos ulteriormente a imposições mais graves... Incapazes, no entanto, de suportar o mínimo, atribuem-se possibilidades de, após a falência, arcar com responsabilidades e encargos maiores. Presunção vã e justificativa enganosa para desertar do dever!

A si mesmos se iludem os que debandam dos compromissos para com a vida.

Não morrerão.

Ninguém se destrói ante a morte.

Províncias de infortúnio, regiões de sombras enxameiam em ambos os lados da vida. Da mesma forma prosseguem além da morte os estados de consciência ultrajada, de mente rebelada, de coração vencido...

Em considerando a problemática das graves quão imprevisíveis desgraças decorrentes do suicídio, convém examinemos, também, a larga faixa dos autocidas indiretos, daqueles que precipitam a hora da desencarnação, mediante os processos mais variados.

São, também, suicidas os sexólatras inveterados, os viciados deste ou daquele teor, os que *ingerem* altas cargas de tensão, os que se envenenam com o ódio e se desgastam

com as paixões deletérias, os glutões e ociosos, os que cultivam o pessimismo e as enfermidades imaginárias...
A vida é um poema de amor e beleza esperando por nós.
Uma gota d'água transparente, uma nervura de folha, uma partícula de adubo, uma pétala perfumada, uma semente fértil, um raio de sol, o piscar de uma estrela são desafios à imaginação, à inteligência, à contemplação, à meditação, ao amor!...
Há, sem dúvida, agravantes e atenuantes, no exame do suicídio... Todavia, seja qual for o motivo, a circunstância para o crime de retirada da vida, tal não consegue outro resultado senão o de atirar o delituoso ao encontro da Vida estuante, em circunstância análoga àquela da qual pensou evadir-se, com os agravantes que não esperava defrontar...
Expungem, sim, na Erraticidade, em inenarráveis condições, os gravames da decisão funesta, e, na Terra, quando retornam, em cruentas expiações, os que defraudam a sagrada concessão divina, que é o corpo plasmado para a glória e a elevação do espírito.
Espera pelo amanhã, quando o teu dia se te apresente sombrio e apavorante.
Aguarda um pouco mais, quando tudo te empurrar ao desespero.
A Divindade possui soluções que desconheces para todos os enigmas e recursos que te escapam, a fim de elucidar e dirimir equívocos e dificuldades.
Ama a vida e vive com amor – embora constrangido muitas vezes à incompreensão, sob um clima de martírio e sobre um solo de cardos...
Recupera hoje o desperdício de ontem sem pensares, jamais, na atitude simplista do suicídio, que é a mais complexa e infeliz de todas as coisas que podem ocorrer ao homem.

Se te parecerem insuportáveis as dores, lembra-te de Jesus, na suprema humilhação da cruz, todavia confiando em Deus, e de Maria, Sua Mãe, em total angústia, fitando o filho traído, aparentemente abandonado, de alma também trespassada pela dor sem-nome, cuja confiança integral se converteu em exemplo insuperável de resignação e paciência, na sua inquestionável fé em Deus, tornando-se a Mãe Santíssima da Humanidade toda.

# 19

## As guerras

Dentre todas as calamidades que periodicamente assolam a Humanidade, a guerra é a mais hedionda pelas altas cargas de barbárie que revela. Remanescente do primarismo do homem na luta pela sobrevivência, impõe-se o instinto que busca segurança submetendo os mais fracos, exaurindo-lhes os recursos, enquanto se locupleta sobre os despojos que aniquila.

Estimulado pela ganância da propriedade, arbitrariamente, o homem crê-se com permissão de vencer o próximo, dando expansão à agressividade, quando se deveria impor a disciplina da superação dos males que nele mesmo residem, vitória que se torna imperiosa para atribuir-se os requisitos do homem integral.

Confiando mais no seu *direito da força* do que no valor moral de que se deve investir, quando alcança conquistas técnicas, logo lhe acorrem à aplicação da capacidade para desencadear conflitos externos, exteriorização natural dos múltiplos conflitos que lhe espocam nas torpes paisagens interiores.

A agressividade individual, adicionada entre os membros que constituem o grupo e reunida pela adesão dos grupos que formam as nações, o impositivo da suserania para refertar os celeiros de alimentos, faz a transferência do instinto da caça individual para a guerra da dominação selvagem, sob a constrição dos arquétipos de que não se deseja libertar. No afã de combater os outros povos, os grupos humanos conseguem apressar o progresso, realizando conquistas surpreendentes, de que se utilizarão com proficiência nos futuros dias da paz.

Por enquanto, o amor não conseguiu emular os grandes grupamentos, encorajando-os à recíproca fraternidade, o que facultaria a solidariedade, cuja contribuição os muitos males que desarvoram os Estados seriam debelados.

Como as Leis da Evolução e do Progresso são imbatíveis, Deus se utiliza do estágio guerreiro em que o homem se demora, a fim de encorajar-lhe os esforços que, não obstante programados para a destruição, logo cesse a sanha guerreira, convertem-se em abençoadas contribuições ao desenvolvimento das comunidades e o ajudam a redimir-se dos desvarios anteriores. Secado o rio de fogo das paixões dos partidos dominadores, que sempre cedem lugar a outros, numa sucessão que deveria merecer acurados estudos e meditações por parte dos guerreiros e triunfadores transitórios, nascem os movimentos pró-paz, de auxílio recíproco, de beneficência, de comércio, de intercâmbio cultural, de superior inspiração, desarmando as intenções vingadoras e selvagens dos que se comprazem em cultivar esperanças de desforços. Simultaneamente, ensejam cordialidade entre os indivíduos e profícuos resultados que congregam, num grande grupo de ajuda mútua, os diversos países.

A guerra, conforme demonstra a História, não tem ensinado as lições que seriam de esperar-se, exceto a de-

monstração imediata da transitoriedade dos triunfos e das desgraças terrenos...
Desde todos os tempos, civilizações se têm erguido sobre os escombros das que sucumbiram ao guante das suas impetuosidades... Os vencidos de ontem rebelam-se e se erguem logo surge o ensejo, expulsando o espoliador sanguinário, não raro cometendo os mais hediondos revides, que no agressor condenavam, nos quais se revelam as paixões subalternas que sufocavam...
Os modernos conceitos materialistas de que os seres vivos não têm destinação, inclusive o homem, resultando de uma combinação casual de *ácidos nucleicos e proteínas*, muitos hão estimulado os desajustes da emotividade, gerando as precipitações sanguinárias e os estratagemas destrutivos de alto porte, jamais previstos, parecendo ameaçar a própria vida de extinção, na marcha em que se desdobram os acontecimentos trágicos...
A guerra, não obstante açodar os mais vis sentimentos de selvageria nos grandes grupos, inspira ao sacrifício da vida os que amam, proporcionando a manifestação nobilitante dos heróis da renúncia e da abnegação, que mergulham nos laboratórios de pesquisas e experiências, a fim de encontrar soluções para os problemas afligentes, produzindo revoluções novas na tecnologia em tempo recorde, considerando o estímulo para apressar o fim das animosidades e socorrer as vítimas inermes colhidas no fragor das batalhas ferozes...
O homem é um animal religioso por constituição e destinação espiritual. O sentimento de Deus é-lhe inato, apesar da sua recusa consciente, da sua renitente fuga das realidades do espírito para a anestesia da ilusão corporal, constituindo-lhe a guerra a forma infeliz de liberação dos traumas e medos a que se entrega e o apavoram...

Com Jesus aprendemos que o amor substituirá, um dia, a agressividade humana, resolvendo todas as questões que possam constituir pontos de divergência entre as criaturas e motivações para as guerras.

Parlamentários honestos, em nome de governos honrados, dirimirão incompreensões, e, ao invés das hostilidades e ódios que atravessam gerações, a compreensão do mais forte perdoará a impetuosidade do mais fraco, o poderio do grande repartirá recursos com o pequeno, unindo-se todos os povos a combater as calamidades sísmicas, a tomar providências contra as adversidades advindas de eventos de outra ordem, providenciando o saneamento das regiões insalubres, o reverdecer dos desertos, o sistemático combate às enfermidades, à fome, aos problemas econômicos...

Embora necessário como aguilhão do homem, o mal é herança que um dia desaparecerá da Terra sob a inspiração e superior comando do bem.

Nessa ocasião, a Humanidade da guerra somente conhecerá os informes dos museus, os documentários, que farão as gerações futuras lamentarem os métodos da áspera escalada por onde transitaram seus pés nestes dias, fixando os estímulos para mais avançar, envergonhadas deste hoje que lhes será o passado truanesco...

Nesses dias porvindouros terão, também, batido em retirada as calamidades morais – que são as basilares –, porquanto, de procedência da alma infeliz, atrasada, dão origem a todas as outras misérias, as que teimam no mundo em duelo incessante...

No amor e no conhecimento da *Lei de Causa e Efeito*, haurirá o homem do porvir, desde hoje, a força moral e espiritual para a sua elevação e, consequentemente, para a instalação do primado da paz, que se alongará pelos tempos sem-fim.

# 20

## Crendices e superstições

Fixações nos centros perispirituais, pelo longo processo evolutivo no trânsito das faixas primárias para as conquistas da inteligência, as crendices se alastram nos Espíritos infantis, dando margem a lamentáveis espetáculos de superstição, que favorecem a ignorância e promovem o desequilíbrio da emoção.

Atraso moral e espiritual dos habitantes da Terra, a presença e a amplitude da feitiçaria e seus talismãs, que baterão em retirada ante a alvorada de luz e bênção da fé racional, que enfrenta a dúvida filosófica, as conquistas da inteligência e da técnica materialista, tranquilamente, em todas as épocas, dirimindo problemas e sustentando a confiança em Deus.

Paradoxalmente, a década em que o homem conseguiu a arrancada da Terra, nos rumos da Lua, sonhando com a conquista de outros planetas, é também a do retorno à barbárie e às crendices, em fuga espetacular dos cálculos computados em aparelhagens quase perfeitas para os abismos da imaginação desregrada.

A decantada morte da fé religiosa, prevista pelos expoentes da cultura materialista dos séculos passado e atual, de forma alguma poderia defrontar mais chocante reação das mentes tecnicizadas destes dias...

É verdade que o homem aturdido, decepcionado ante as promessas mirabolantes das doutrinas religiosas do passado, rebelou-se, passando a *adorar* as máquinas que construiu, barafustando, porém, em direção das áridas províncias do ceticismo. Ressequido e inquietado, interiormente, deixou-se estimular pelo fantasioso, ressuscitando velhas superstições a que ora se entrega em espetáculos deprimentes e ridículos.

O universo atômico, por ele defrontado, reconduziu-o ao reino da energia e, ontologicamente, ao transcendental.

Mal-armado para o exame das realidades espirituais, por contumaz suspeição que nele se arraigou, preferiu as imagens-chavões do *sobrenatural*, do *maravilhoso*, do *mistério*, para fugir ao niilismo aniquilante que elaborou e cruelmente o despedaça.

Ninguém nega a interferência das forças vivas e pulsantes do Universo no comércio contínuo com as mentes humanas. Daí às fantasias absurdas que subestimam a Divindade e atribuem poderes excepcionais ao demônio – que é apenas a personificação simbólica que a si se atribuem Espíritos viciosos e perversos – vai uma distância imensa de ética, cultura e razão...

No fundo, os supersticiosos padecem atrofia do espírito, preferindo o temor ao amor, sufocando a esperança nos crepes da desconfiança com que se desesperam e se realizam...

Mediante processo de transferência psicológica, em vez de mergulhar nos íntimos painéis de si mesmo, a combater os inimigos de dentro, desterra-os para as praias em que se demora o próximo, atribuindo a este os danos que causa por negligência e despautério, responsabilizando-o.

E se enleia nas teias muito bem distribuídas das artimanhas das *Entidades* trevosas que o açulam e lhe estimulam os *instintos agressivos*, de forma a retê-lo nas fortes amarras da temeridade e do desvario.

Iniciada a façanha da crendice e da superstição, só mui dificilmente empreende a viagem de volta à responsabilidade e à lucidez, que lhe exigem esforço, educação e disciplina intransferíveis, para que se possa alçar das mágoas, dos pauis das queixas e vulgaridades aos altiplanos da nobreza, edificação e paz.

Proliferam, vertiginosamente, os números dos enganados e os desditosos enganadores da Terra e do Além-túmulo em nefário intercâmbio de loucura e desfaçatez.

Abjuram a verdade e afeiçoam-se à ilusão; abominam o bem e se comprazem na ignomínia.

Superstições, supersticiosos!

De todos os tempos, as superstições e os supersticiosos são herança torpe do obscurantismo espiritual e da insensatez perniciosa, que encontram guarida porque o homem ainda prefere a treva à luz, a piedade ao respeito, o sofrimento ao amor...

Ninguém, no entanto, interfere nos planos e desígnios de Deus, por mais se esforce, presunçoso, e almeje.

Feiticeiros de todas as épocas, que a desregrada imaginação popular deu azo a largas fantasias, são os médiuns vinculados aos Espíritos da sombra, em realizações infelizes.

Epíteto genérico de que se utilizou a intolerância clerical para silenciar os imortais, foram e são homens do caminho de lutas de todos nós, um dia chamados a dar conta da mordomia de que estiveram investidos.

Com Jesus, o Libertador, deixa à margem do caminho crendices, superstições, ilusões, e cresce para o serviço da tua e da redenção de todos.

Através do Espiritismo compreenderás que, construtor do porvir, és árbitro da felicidade ou da própria desdita, herdeiro dos valores que possuis e legatário futuro das aquisições que reúnas.

Ilibado, sem peias mentais nem conexões morais degradantes com a retaguarda evolutiva, crê, ama e passa servindo, indene ao mal e aos maus, lecionando discernimento e fé com que, descompromissado com a ignorância, alcançarás a vitória sobre toda sombra e toda dor.

## 21

## Exorcismos

Nada obstante as persistentes e ininterruptas informações do Além-túmulo nas diversas nações, desde os primórdios do homem na Terra, continua-se mantendo em torno da morte e da Vida espiritual contumaz ignorância com que milhões de pessoas supõem eximir-se da responsabilidade e dos deveres que dizem respeito à própria evolução.

Partem do orbe físico aos milhares, cada dia, na direção do túmulo, os que residem no domicílio carnal, enquanto outros milhares mergulham no corpo, em incessante permuta de estados vibratórios, retornando à Erraticidade ou de lá procedendo...

Seguem com as conquistas que realizaram, quanto com elas regressam à matéria sem defrontar os milagres das transformações gratuitas ou aposentadoria parasitária do paraíso de ficção, demorando-se no círculo vicioso berço–túmulo–berço, sem lograr as metas de alforria e ascese que lhes estão destinadas.

A morte de maneira alguma resolve os problemas que não se solucionaram enquanto na vida física. Em razão disso, pululam na economia espiritual do planeta bilhões de Entidades insensatas, ignorantes e viciosas, que se comprazem na leviandade, até que a dor as conduza pelo rio das lágrimas à embarcação do equilíbrio, no rumo do porto do progresso...

Cada um desencarna ou morre no corpo somático transferindo para a realidade espiritual o patrimônio que lhe é peculiar, sem que surpreendam concessões indébitas em forma de protecionismos ou de punição injusta.

Nesse particular, vivemos num universo de ondas, vibrações e mentes que se intercambiam, interpenetram-se, ajustam-se e produzem defasagens, em incessantes permutas de energias de que ninguém se pode liberar senão pelos processos de sublimação e elevação...

Fixações por sintonias recíprocas entre encarnados e desencarnados do mesmo nível evolutivo, parasitose psíquica por trânsito nas mesmas faixas perniciosas do pensamento em desalinho, engendrando obsessões perturbadoras e de difícil reparação, de que padece considerável número de criaturas humanas...

Nenhuma atitude externa pode minimizar esse mal, muito menos debelá-lo.

A teimosa procrastinação ao valor, por parte de mentes desequilibradas, no entanto, insiste nas práticas esdrúxulas da agnosia, ressuscitando práticas supostamente mágicas do passado, para mais afligir os que amargam a constrição danosa das obsessões nos seus múltiplos estágios de progressão...

Palavras ditas sacramentais, exorcismos, disposições verbais e oferendas materiais, nenhum valor lhes dão os Espíritos, inclusive os que se encontram em perturbação ou se comprazem na impiedade.

Agradam, aos que transitam na infância do dever, as negociações feitas com os desencarnados ainda imantados

## Após a tempestade

pelas paixões sensórias que trouxeram do corpo físico, no pressuposto de que basta o conúbio nefando para manter-se em paz, auferir lucros, ganhar ilusões...

Incalculável é o número de homens que se demoram nas fixações atávicas das superstições, em estágios primários das crendices, do feiticismo, das pragas e maldições, permitindo-se induções psicológicas com as mentes e energias negativas com que se permitem sincronizar.

A crença nos demônios, que deu margem aos exorcismos do passado, é desconcertante, porquanto tais seres, supostamente criados à margem, não existem, sendo nada mais do que as almas dos homens mesmos que viveram na Terra, e que, atemorizados ou atemorizadores, acreditam-se regime de exceção por efeito do próprio apedeutismo.

Facultam-se esses incautos, então, que surjam enfermidades complexas, que se instalam nas tecelagens sutis da alma, por preferirem a insensatez ao equilíbrio, a vulgaridade ao enobrecimento, o prazer ao dever...

Somente as forças moralmente desenvolvidas, as energias superiormente desdobradas, conseguem produzir nos Espíritos obsessores – nossos irmãos equivocados e enfermos – as reações positivas para a sua e a melhora das suas vítimas. Concomitantemente, a renovação interior dos obsessos credencia-os a um estado de sanidade que lhes compete manter a qualquer preço.

Nas terapêuticas de ordem espiritual, faz-se imprescindível a elevação moral do agente e o esforço honesto, constante, para a melhoria própria por parte do paciente.

Exorcismos, imprecações, atitudes sistemáticas, aromas em piras fumegantes, objetos-talismãs, ervas especiais são de todo inócuos para a liberação daqueles que resgatam o pretérito de culpas graves nas ásperas trilhas da obsessão espiritual inferior.

Em qualquer circunstância, procuremos em Jesus o exemplo a ser seguido e nas lições de Allan Kardec a diretriz de segurança a ser mantida.

O Evangelho, através dos seus narradores autorizados, reporta-se às curas realizadas pelo Mestre, graças, exclusivamente, à sua ascendência moral e autoridade, que os Espíritos respeitavam...

E Allan Kardec, orientado pelas *Vozes dos Céus*, é taxativo no que diz respeito aos exorcismos conforme se lê em *O Livro dos Espíritos*, parte segunda, capítulo IX:

"*477. As fórmulas de exorcismo têm qualquer eficácia sobre os maus Espíritos?*

"*Não. Estes últimos riem e se obstinam, quando veem alguém tomar isso a sério*".

## 22

# Fantasias espirituais

Característica basilar é a ausência de fantasias atemorizantes na Doutrina de Jesus. Tendo como fundamento o amor, toda ela é estruturada na simplicidade que, não obstante a profundeza do conteúdo, não se reveste de qualquer exterioridade aberrante.

Vindo completar o ensino dos profetas antigos e dar cumprimento à Lei estatuída por Moisés e demais emissários, o corpo doutrinário do Evangelho é constituído de esperança dulçorosa e paz lenificadora.

Nenhuma agressão, investida alguma se apresenta contra causas ou homens, doutrinas ou éticas.

Ausculta o infeliz e o anima ao prosseguimento da jornada áspera da evolução.

Acompanha o combalido e o soergue para o avanço sem desânimo.

Ampara o desassisado e o estimula ao equilíbrio com que se poderá alçar à vitória sobre as paixões.

Todas as suas lições são feitas de imagens singelas com alto teor de comunicação. Os textos mais vigorosos não perdem a linha direcional da pujança do amor.

Quando verbera, investe contra o erro, mas ampara quem se deixou vitimar pelo engano.

Quando condena, dirige-se ao egoísmo, auspiciando a reparação para o egoísta.

Quando chama, não invectiva com ameaças, antes, em voz imperativa, define as linhas de comportamento através das quais se faz possível a integridade moral do homem.

Não sistematiza técnicas, nem sobrecarrega de exegeses. Suas conotações se inspiram em lírios do campo, redes do mar, pássaros dos céus, sementes da terra... Varas, grãos de trigo e mostarda, peixes e pães, azeite, moedas e pérolas inspiraram os poemas incomparáveis das parábolas que lhe conservam a grandeza... Mós e jumentos, candeia, portas e estradas, luz e trevas são as constantes enunciações que norteiam sem margem para equívocos... Dores e problemas, enfermidades cruéis e dramas tormentosos recebem cuidados especiais que logo se consubstanciam em alegrias, saúde, bom ânimo... Espíritos perturbados e lúcidos aparecem amiúde em triunfal vitória da vida sobre a morte, sem celeuma verbalista nem discussão inoperante – comprovando a procedência do esforço individual em benefício de cada criatura.

São herdeiros de Deus os pacificadores, os pobres de espírito, os perseguidos, os aflitos, os que choram, os sedentos de justiça, os esfaimados, os limpos de coração, os insultados, injuriados e desprezados, em razão de serem fiéis à Verdade, bem-aventurados por triunfarem sobre as vicissitudes transitórias...

Substitui o temor pelo amor a Deus.

O Senhor dos Exércitos torna-se Pai Amantíssimo.

Fenômeno consentâneo ocorre com a Doutrina Espírita, que restaura os postulados do Evangelho, dando-lhes atualidade.

Nenhuma imposição, constrangimento algum defluem das soberanas conceituações com que Allan Kardec estruturou a Codificação do Espiritismo.

Filosofia profunda e lógica, assenta os postulados na razão objetiva com que se afirma no consenso do pensamento universal.

Ciência experimental de largo porte, estabelece liames entre a fé e a razão, que se completam, em harmoniosa identificação.

Quem comprova crê, quem sabe crê e quem crê transforma-se para melhor.

Religião do amor e da caridade, estatui a legitimidade da renúncia e da abnegação como fundamentais para a vida perfeita.

Todo o contexto de Doutrina é contrário à violência, ao temor, à imposição.

Encoraja o homem nas lutas, mas não lhe faculta o despotismo; ajuda o caído sem lhe justificar o desculpismo; atende o enfermo e o perseguido sem lhes procrastinar a necessidade da reparação.

Lidando com os Espíritos, adverte os homens quanto ao mundo da Erraticidade, cujos habitantes, procedentes na sua grande massa da Terra, prosseguem com os hábitos e valores que lhes são próprios...

Não estimula fantasias mirabolantes nem profetismo aparvalhante.

As premonições que procedem dos seus textos fulgurantes são colimadas pela esperança da vitória do bem, e estribadas na perfeita identificação com o ensino do Cristo sobre os fins dos tempos em que o mal desaparecerá, mas os maus serão resgatados pela redenção deles mesmos.

Não são Espíritos superiores aqueles que se atribuem o direito de inquietar os homens com prognósticos tenebrosos em relação ao futuro ou com fantasias exageradas sobre o progresso da Terra e a celeridade com que tal se dará.

Acautelemo-nos dos exageros de qualquer procedência, aprofundando reflexões nas fulgentes páginas do Evangelho e da Doutrina Espírita, nas quais hauriremos valor e recursos para o êxito dos tentames evolutivos.

Jesus é Mestre, e Kardec revelou-se-nos discípulo superior, modelo para todos nós, que desejamos alcançar a meta da perfeição.

O Espiritismo, à semelhança do Cristianismo, é claro como o Sol. Os erros que possam aparecer em seu nome correm por conta da invigilância de médiuns ociosos ou emocionalmente perturbados, mas que não alcançam o cerne da Doutrina. Pervagam pelo movimento tais profecias assustadiças, que agradam a uma faixa de mentes inquietas ou ociosas e marcham para o olvido.

Sem embargo, a Revelação, em toda a sua eloquência, permanecerá como o farol abençoado para os tempos porvindouros do amanhã, clareando rotas e iluminando consciências nos rumos da Vida verdadeira.

# 23

# Desencarnação

Resultante da orientação religiosa deficiente que situou a morte como ponte entre a vida física e a sobrenatural, onde a Divina Justiça aguarda o Espírito para brindá-lo com a paz ou a desdita, o conceito errôneo ensejou aos cépticos anotações devastadoras, tornando-a simples retorno ao pó de onde se teria originado, portanto, ao aniquilamento.

Não obstante sua remota antiguidade, o *culto dos mortos* recebeu do hedonismo grego terrível reação, quando os usufrutuários do prazer situaram os impositivos do existir simplesmente no ideal físico e estético da beleza e do gozo, com as decorrências imediatas da dissolução dos tecidos e das expressões do pensamento.

Os estoicos, que se lhes opunham, esforçavam-se por colocar resistências ao pavor da morte, numa tentativa de se evitar a tristeza e a dor, mediante um fatalismo racionalista com que se deve superá-las, através do esforço sobre-humano para enfocar as realidades do dia a dia, vivendo-se com valor cada hora do mundo material.

O Cristianismo foi na História a mais eloquente mensagem de louvor à vida e à morte, considerando-se que a ética vivida e ensinada por Jesus é toda vazada na *negação do mundo material* para a afirmação de Deus e da vida espiritual.

A Sua mensagem impele o homem ao entesouramento dos valores morais que não transitam nem se perdem quando se decompõem as aparências orgânicas, permanecendo Além-túmulo como superiores recursos para a sobrevivência feliz.

Além disso, o seu contato com os chamados mortos, em contínua convivência, suas horas de solidão com Deus atestam a grandeza do princípio espiritual sobrepujando as limitações do veículo carnal.

Como se não bastassem as eloquentes provas de que se fez ímpar agente, retornou, Ele próprio, do Além-túmulo à presença de um sem-número de testemunhas, com elas confabulando e convivendo com expressões de vitalidade incontestável...

Em todos os tempos ressumam os atestados imortalistas no incessante intercâmbio entre as duas esferas: a orgânica e a espiritual.

Mentes áridas e atormentadas, no entanto, hão procurado sepultar no *nada* a glória imortal. Não obstante o atavismo dessa negação, no *inconsciente* humano mantido pela sistemática da descrença, jamais foi utilizada a expressão niilista sobre a Vida imortal, nos incontáveis conúbios de que foram instrumentos médiuns, santos e apóstolos, afirmando sempre a sobrevivência... Em todos esses fenômenos paranormais, o verbete imortalidade superou o aniquilamento do ser, reafirmando a indestrutibilidade do Espírito à decomposição dos tecidos carnais...

❖

Não há morte, ninguém se equivoque.

Só há vida, onde quer que se detenha o pensamento.

Da decomposição pestilencial da matéria surgem, multiplicadas, complexas formas de vida.

Morre a lagarta em histólise de desagregação para surgir a borboleta em histogênese admirável...

Morre a semente para libertar a planta...

Morre o sêmen para formar o corpo...

Morre o corpo para que se liberte o Espírito, que dele se utiliza como de um veículo em romagem purificadora.

Sem dúvida, a morte constitui dor inominável quando arrebata o ser querido, retirando-o da convivência e da ternura dos que o amam...

Possivelmente, é a dor *motu continuum* de maior duração, graças ao apego e valor que se atribuem aos grilhões carnais.

A ausência do corpo não impede, porém, a presença do ser, desagregado na forma, não, todavia, aniquilado na essência.

Ninguém sobreviverá *sine die* enquanto no ergástulo fisiológico.

Indispensável considerar que a vida orgânica, iniciada no ovo, dilui-se quando cessa a circulação sanguínea por falta de oxigênio; todavia, a *causa* que aglutinou as moléculas e as transformou prossegue, agora livre, continuando os rumos que deve vencer.

Ninguém é genitor ou filho, esposo ou amigo afeiçoado, por caprichos do acaso.

Quando se rompem as argamassas, não se destroem os vínculos superiores que os precederam ao berço e os sucederão ao túmulo.

Imperioso considerar, mediante reflexão continuada, a problemática da morte, a fim de que a surpresa, decorrente da imantação ao corpo físico, não se transforme em rebeldia inútil ou exacerbação dissolvente.

Os seres amados recebem, onde se encontram vivos após a morte, os dardos da revolta negativa para eles como as lembranças afáveis do amor.

O pensamento é força vital gravitando no Universo. Ímã poderoso, mantém sua própria força e atrai as ondas semelhantes que nele se fixam ou às quais se liga.

Assim, recorda os teus mortos com alegria e ternura, mesmo que isso te pareça paradoxal.

A morte não visita apenas o teu lar. Passa por todas as portas, invariavelmente.

Se amas, conforme dizes, atesta-o com nobreza, e não por meio da insensatez.

Uma memória que inspira desesperação realmente não foi útil nem nobre.

Somente o amor verdadeiro inspira ânimo e confiança, alegria e esperança.

Coloca-te no lugar de quem partiu e considera a forma como te sentirias se fosses a causa do infortúnio da pessoa que, dizendo amar-te, pensa em fugir, em vingar-se, em abandonar a vida...

Refletirás melhor e transformarás a dor em flores de alegria, guardando a certeza de que o amanhã fará o teu reencontro com quem amas.

A vida sempre devolve conforme recebe.

Irisa o céu da tua saudade com a luz da oração pelos teus amados imortais.

...E começa a preparar-te para a vilegiatura que te alcançará logo mais.

Rompe as algemas da paixão, quebra as peias do egoísmo, organiza o programa de liberação das mágoas, reflete nas dores e, quando chegar o teu momento, que nenhuma retentiva te prenda na retaguarda...

Vivendo, está-se desencarnando a pouco e pouco. O golpe final resulta de todos esses pequenos morreres, que lançam a alma na realidade da consciência livre e indestrutível.

Desencarnar é desembaraçar-se da carne.

Morrer, literalmente, significa cessar de viver.

Do ponto de vista espiritual, porém, morte é vida, e vida no corpo pode afigurar-se como morte transitória da liberdade e da plenitude da lucidez.

Vive, pois, de tal forma que, advindo a morte ou a desencarnação, estejas livre e prossigas feliz.

# 24

# Os novos obreiros do Senhor

# (Labor em equipe)

Formamos uma grande família, na sublime família universal, uma equipe de Espíritos afins.[4] Vinculados uns aos outros desde o instante divino em que fomos *gerados* pelo Excelso Pai, vimos jornadeando a penosos contributos de sofrimentos, em cujas experiências, a pouco e pouco, colocamos os pilotis de segurança para mais expressivas construções...

Errando, repetimos a tarefa tantas vezes quantas se nos façam imprescindíveis para a fixação das lições superiores no recôndito do Espírito necessitado.

Calcetas, hemos enveredado por ínvios caminhos donde retornamos amarfanhados, trôpegos, em face dos cardos e calhaus que tivemos de experimentar sob os pés andarilhos.

Ambiciosos, desertamos das diretrizes seguras da renúncia e da humildade para mergulhar em fundos fossos, onde nos detivemos tempo sem conto, até que soassem os

---
4. A presente mensagem foi refundida e ampliada por nós própria, a fim de inseri-la nesta obra (nota da autora espiritual).

impositivos restauradores, concedendo-nos oportunidade de reaprender e reencetar serviços interrompidos.

De instintos aguçados, preferimos espontaneamente as faixas animalizantes em que nos comprazíamos no primitivismo aos painéis coloridos e leves das Esferas mais-altas. Por esses e outros vigorosos motivos, temos avançado lentamente, enquanto outros companheiros, intimoratos, ergueram-se do caos e conseguiram ultrapassar os limites em que, por enquanto, ainda nos detemos.

Soa-nos, porém, a hora libertadora, e o instante é azado.

Luz ou treva!

Decisão definitiva de libertação ou fixação nos exercícios repetitivos da própria inferioridade.

Ascensão ou queda nos resvaladouros das falsas necessidades que se convertem em legítimas necessidades, a instâncias nossas.

Cristo nos convoca, outra vez, ao despertamento e ao trabalho de soerguimento pessoal, que em última análise é o de soerguimento da Terra mesma.

Somos as células do organismo universal por enquanto enfermo, em processo liberativo, sob a terapêutica preciosa do Evangelho Restaurado.

Não é a primeira vez que nos chega a voz do *Cordeiro de Deus*, concitando-nos à redenção, ao avanço, à sublimação...

...Alguns O conhecemos nos idos tempos das horas primeiras da nossa era, preferindo, desde então, o malogro das aspirações que eram falsas.

Tivemos a oportunidade ditosa, e, todavia, não soubemos ou não a quisemos aproveitar... Depois, expiamos em densas dores, agônicas, em *regiões punitivas* de sofrimentos ressarcidores.

Rogamos reencarnações dolorosas, em que a lepra nos dilacerasse a carne fantasista, ou a alucinação nos dominasse as paisagens mentais, ou a demência nos fizesse esquecer, temporariamente, as impressões mais profundas, ou o câncer nos minasse as energias, impedindo-nos de maiores derrocadas, ou a viuvez, a orfandade, a paralisia decorrente dos surtos de epidemias constantes e guerras soezes, como recursos salvadores, a fim de meditarmos, refletirmos e desejarmos a luz do esclarecimento libertador...

Depois recomeçamos nas fileiras da Fé, fascinados pela ensancha preciosa de reconquistarmos a paz perdida ou adquirir a tranquilidade desejada.

Ouvimos excelentes expositores do Divino Verbo e nos comovemos. Todavia, dominados pela avidez da posse, que não morrera de todo em nosso Espírito, avançamos, tresloucados, pelos sítios em que nos encontrávamos, armando a máquina da destruição em nome da Crença.

Recebemos lições invulgares de paciência e humildade dos verdadeiros heróis da renúncia. No entanto, ante o campo largo que deparávamos à frente, reacenderam-se-nos as paixões e arregimentamos forças que espezinharam povos e cidades, sobre os quais dizíamos desejar implantar a Cruz... crucificando os reacionários.

Conotamos ensinos elevados, hauridos nas fontes da inspiração superior. Apesar disso, desejando guindar-nos aos poderes transitórios do mundo de ficções, esparzimos a intriga, habilmente dissimulada, usando o punhal da infâmia e o revólver da difamação com que conseguimos afastar *inimigos* que constituíam impedimento à nossa mentirosa ascensão.

Vimos o resplandecer das luzes espirituais em nossas reuniões de estudo, em claustros e seminários, monastérios silenciosos e grutas ascetas. Mesmo assim, convertemos os recursos da oração e da vigilância em astúcia, com que, no confessionário, extorquimos as informações que usávamos para ferir e destroçar em nome da *verdade* que manipulávamos a bel-prazer.

Pareciam inúteis os celestes apelos na acústica do nosso Espírito atribulado. Reencarnamos e desencarnamos sob angústias e ansiedades, formulando planos e destruindo-os, rogando retornos apressados com que nos pudéssemos reabilitar em definitivo, sem que lobrigássemos o êxito que desejávamos realmente perseguir...

...Ocorre que a névoa carnal tolda a visão espiritual e de certo modo bloqueia, nos Espíritos tardos, as percepções melhores e mais sutis, anestesiando neles os centros da inspiração e da comunhão superiores.

Transcorreram séculos em vaivéns infelizes...

Nossos mentores espirituais, apiedados da nossa incúria e sandice, intercederam sempre por nós, fazendo que nos fossem facultadas novas investiduras no domicílio corporal.

Estivemos ao lado de artistas, pensadores, cultores das letras e das ciências, a fim de sentir-lhe o bafejo da mais alta ambição espiritual. Normalmente as suas auras nos afetavam, propiciando-nos lampejos iluminativos e abençoados, porém, rapidamente apagados, tão intoxicados estávamos.

Por fim, quando o abençoado *Sol de Assis* resplandeceu na Terra, reorganizando o *Exército de Amor* do Rei Galileu, fruímos a sublime ocasião de retornar às lides da Fé, palmilhando as estradas impérvias que a humildade nos oferecia, enquanto a sua voz entoava a canção da fraternidade universal, com as notas melódicas da compaixão e da caridade.

Sempre em grupos afins, volvemos ao mergulho no carro somático e tentamos, em equipe, estabelecer as bases da felicidade ao calor da Mensagem Evangélica, que, então, começava a dominar os diversos arraiais da Terra.

Não foram poucos os esforços dos *adversários da luz,* tentando apagar as pegadas do Discípulo Amado pelos caminhos da Úmbria, que se estendiam por além-fronteiras, na Terra sofredora. Inovações sutis e perigosas, excessos onde antes havia escassez, atavios em lugar de desapegos, aparências substituindo a aspereza da simplicidade, lentamente foram introduzidos no ministério cristão, e, por pouco, não fosse a Divina Vigilância do *Trovador de Deus,* quase nada ficaria para a posteridade, além das anotações vivas da sua caminhada incomparável...

Passamos a sentir o muito que deveríamos fazer por nós próprios, pelos nossos irmãos, principalmente os da retaguarda...

Quando se preparavam os dias da Codificação Espírita, quando se convocavam trabalhadores dispostos à luta, quando se anunciavam as horas preditas, quando se arregimentavam seareiros para a Terra, escutamos o convite celeste e nos apressamos a oferecer nossas parcas forças, quanto nós mesmos, a fim de servir, na ínfima condição de sulcadores do solo onde deveriam cair as sementes de luz do Evangelho do Reino.

Assim, já no labor do século passado, em pleno fastígio napoleônico, as hostes espirituais mourejavam com acendrado carinho, renovando as paisagens da psicosfera da França, ainda tumultuada pelos acontecimentos revolucionários dos anos idos...

A tarefa se fazia, então, de grande e grave porte.

A maternidade ultrajada negava-se a novos cometimentos.

A moralidade combalida parecia desconcertada para tentames maiores.

A fé desgovernada saíra da asfixia, em que padecia alucinação, para a indiferença que entorpece.

Os códigos dos *direitos humanos*, não obstante estabelecidos pelo novo *status*, sofriam as injunções guerreiras do novo imperador...

Lentamente, porém, foram-se clareando os plúmbeos céus da Humanidade, à medida que mergulhavam na atmosfera fisiológica antigos heróis do pensamento, mártires da fé, guerreiros da caridade e missionários da Filosofia como da Ciência, da moral como da Religião.

Entre eles estava Allan Kardec, o incorruptível trabalhador da Era Espírita, que logo deveria começar.

O labor assumia proporções dantes quase jamais igualadas...

Aqueles eram os dias em que as convulsões do pensamento abririam as comportas para as experiências práticas, que ensejariam a era da tecnologia e da eletrônica futura, com todos os seus complexos surtos de progresso e evolução, perigosos, igualmente, pela probabilidade de o homem, assoberbado pelas conquistas do conhecimento, pensar em ser *deus*, sem conseguir, todavia, ultrapassar os limites da própria insignificância...

Acompanhamos, assim, na América e na Europa a erupção da fenomenologia medianímica, alguns emprestando suas possibilidades para as experimentações primeiras que anunciariam o momento exato para a ação do lídimo expoente da razão, na fé libertada de preconceitos, de dogmas e de limitações.

Outros, manipulando retortas e fazendo experiências de laboratório, deixamo-nos atrair ao *fato espírita*, sem que possuíssemos a coragem de declará-lo com inteireza, como fizeram poucos cultores da Verdade, receosos dos compromissos novos e pesados que, porventura e logicamente, deveríamos assumir.

Experimentadores e cobaias, legítimos ou não, multiplicaram-se rapidamente, e alguns de nós entre eles.

Médiuns e pesquisadores, estivemos desejando cooperar sem o êxito desejado.

Opúsculos e livros, folhetins e monografias apareceram volumosos, e debates sensacionais encheram páginas e páginas de periódicos, bem como relatórios extensos formaram múltiplos volumes, sem que colimassem a superior finalidade de restabelecer na Terra o culto à verdade, ao dever, ao amor, à caridade, conforme ensinara e vivera o Amigo Divino de todos nós.

Foi Allan Kardec, indubitavelmente, o insigne herói daquela hora e o exemplo insuperável para os tempos porvindouros, quem tomou a bússola da Razão e conduziu com segurança a barca da Fé.

Abandonou tudo e, arriscando-se – pois tinha a certeza da legitimidade dos postulados que os Espíritos lhe ofereciam, após os caldear e os averiguar com sabedoria de inspirado dos Céus –, transformou-se em estrela rutilante, vitalizado pelo Mundo transcendente, para clarificar intensamente os tempos de todos os tempos.

Quantos, no entanto, malograram!...

Não pequena foi a quota dos desertores, dos detratores, dos caídos naqueles dias, e ainda hoje!...

Adestrados, agora, para os inadiáveis serviços de reconstrução do mundo em que nos encontramos, mediante o uso dos instrumentos da mansidão, da Justiça e do conhecimento, mister se faz que nos detenhamos a reflexionar em regime de urgência e em clima de tranquilidade.

A fé que bruxuleia em nossos Espíritos é a nossa lâmpada-bússola, apontando rumos.

Os recursos acumulados e as possibilidades a se multiplicarem constituem os tesouros para aplicação racional, no investimento da atual reencarnação.

Não há sido pequeno o trabalho envidado pelos administradores espirituais das nossas vidas, a fim de nos reunir, de nos acercar uns dos outros, após incessantes períodos de disputas infelizes, de justas inexplicáveis, de idiossincrasias domésticas...

Já não se dispõe de tempo para futilidade, tampouco para ilusão.

Necessário lidar com Espíritos resolutos para a tarefa que não espera e o dever que não aguarda.

Estes são os momentos em que deveremos colimar realizações perenes.

Para tanto, resolvamo-nos em definitivo produzir em profundidade, acercando-nos de Jesus e por Ele facultando-nos conduzir até o termo da jornada.

Não será, certamente, uma incursão ao reino da fantasia ou um passeio gentil pelos arredores da catedral da fé.

Antes, é uma realização em que nos liberaremos das injunções cármicas infelizes, adquirindo asas para maiores voos na direção dos inefáveis Cimos da Vida.

Há muito por fazer, que deve ser feito sem a presunção jactanciosa, que empesta as melhores expressões do serviço, nem os injustificáveis receios, que turbam a claridade dos horizontes de trabalho.

Conscientes das próprias responsabilidades, não esperemos em demasia pela transformação de fora, mas envidemos esforços para o aprimoramento interior.

Sem veleidades, iniciemos o trabalho de construção do novo mundo, retirando dos escombros do Eu enfermiço os materiais aproveitáveis para as novas edificações a que nos devemos dar com euforia e santificação.

Devidamente arregimentados, iniciemos o labor, partindo do lar, que deverá permanecer sobre as bases sólidas de amor, de entendimento e de fraternidade, de modo a resistir às investidas da insensatez e da leviandade, que nos não podemos permitir.

Estamos no lugar certo, ao lado das pessoas corretas, vivendo com aqueles que nos são os melhores elementos para a execução do programa.

A pretexto de novas experiências ou fascinados pela utopia de novas emoções, não perturbemos o culto dos deveres a que nos jugulamos com fidelidade.

Nenhuma justificação para o equívoco, nenhum desvio de responsabilidade.

Tornemo-nos o *vaso* onde deve arder a flama do bem, oferecendo, também, o *óleo* dos nossos esforços reunidos em benefício da intensidade da luz.

Adversários, cujas matrizes estão insculpidas em nosso imo, surgirão a cada passo, de dentro para fora, e incontáveis virão em cerco, de fora para dentro, colocando o cáustico da aflição no cerne dos nossos sentimentos.

Tenhamos paciência e vigiemos!

Somente resgatamos o que devemos.

Apenas seremos atingidos nas fraquezas que necessitamos fortalecer.

Aliciados pelo Senhor, à semelhança d'Ele, encontraremos resistência para superar dificuldades e vencer limitações que nos retinham até aqui na retaguarda.

Acenados pelo Senhor e por Ele conduzidos, avançaremos.

Evidente que as nossas pretensões não ambicionam reformar nada, senão nos reformarmos a nós mesmos. Primeiro incendiar de entusiasmo e esperança a Terra e as criaturas dos nossos dias, aprofundando estudos no organismo rígido da Codificação, de modo a trazê-la ao entendimento das massas, repetindo as experiências santificantes dos *homens do Caminho*, que abriam as portas das percepções às entidades espirituais nos seus cenáculos de comunhão com o Reino de Deus.

Estribados no amor fraterno e alicerçados no estudo consciente dos postulados espíritas, promovamos o idealismo ardente, produtivo, abrasador, com que se forjam lídimos servidores das causas superiores, convocando as multidões, ora desassisadas, que caíram nos despenhadeiros da alucinação por não encontrarem mãos firmes na caridade da iluminação de consciências e no arado da fraternidade, concitando-as ao soerguimento e à renovação.

Com todo respeito a todos, não temamos, porém, ninguém.

Vinculados e adesos ao trabalho, nos grupos de ação, casas e entidades veneráveis, auxiliemos, verdadeiramente ligados à Causa, ao Cristo e a Kardec.

Nosso Guia seguro continua sendo Jesus.

A qualquer ataque, o silêncio, que é a lição de coragem pouco conhecida. O defensor da nossa honra e do nosso trabalho é o Senhor. A nós nos cabe a glória de servir, sem pretensão. Como a Seara é d'Ele, a Ele compete decidir e dirigir...

Em nossa equipe de trabalho, reunamos os companheiros que preferem a pesquisa consciente e metódica, sistemática e racional, facultando-lhes aprofundar observações e divulgá-las em termos condicentes com os conhecimentos dos dias atuais.

Sem pressa, por significar esse trabalho excelente campo a comprovações firmes e indubitáveis, perseveremos, mesmo quando, aparentemente, os resultados parecerem tardar ou não corresponderem às nossas aspirações...

Cresce a árvore paulatinamente, e o corpo se desenvolve célula a célula, em equipe harmoniosa, sincronizada.

Aqueloutros, que sentirem o hino, a música da palavra emboscada no coração, reúnam-se a estudar e debater temas, formulando conotações atuais e oportunas, para, logo após, saírem como semeadores da esperança, lançando as sementes nos solos dos corações humanos sempre muito necessitados, entre os quais nós próprios nos arrolamos.

Estes, afervorados no ideal de servir, examinem as dores do próximo, suas necessidades imediatas, e, em vez do simplismo da dádiva que libera da responsabilidade, a ação profunda, a realização social, que não apenas amenize o problema agora, mas que, possivelmente, resolva a dificuldade, mediante os recursos que lhes oferecermos, para se libertarem a si mesmos.

Uns, estudiosos, divulguem pelo livro abençoado ou pelo folheto delicado as excelentes lições do Espiritismo, que tem resposta para a problemática de hoje como a de amanhã, esclarecendo, realmente, o homem aparvalhado sob a constrição de mil cogitações tormentosas e as cargas pesadas que engendram outros mil distúrbios, de modo a acender-lhe a lâmpada da esperança no céu do Espírito atribulado.

Reunamo-nos todos, com frequência, a fim de dirimir dificuldades e incompreensões, em encontros de ação cristã, debatendo os nossos serviços e permutando experiências adquiridas no campo da própria realização, com que nos resguardaremos da prepotência do Eu e da vaidade de obreiros que se não permitam enganar.

A palavra de cada irmão é moeda de valor, que nos merece consideração, por seu turno necessitada de debate e discussão salutar.

Há demasiados sofrimentos aguardando nossa ajuda fraternal.

O desespero que cavalga, infrene, espera por nós.
O intercâmbio espiritual atuante não dá margem à dubiedade de comportamento moral.

A *ética* escarnecedora destes dias vige esperando a revivescência da moral cristã em toda a sua pujança.

Nenhum melindre em nós, suscetibilidade negativa nenhuma.

O Espiritismo é o renascimento do Cristianismo em sua pureza primitiva.

Todos os fatos, quando examinados do *ponto de vista espiritual,* mudam de configuração.

À meridiana luz da reencarnação, alteram-se as técnicas da vida e a esperança domina as mentes e os corações.

Se não conseguirmos avançar em grupo, sigamos, assim mesmo, conforme nossas forças.

O desânimo de uns não pode contaminar os demais.

Os mais dotados não devem sofrer a inveja dos menos aquinhoados.

Todos nos constituímos peças da engrenagem feliz para a construção do Reino de Deus que já se instala na Terra.

As muitas aflições chamarão em breve o homem para as realidades nobres da vida.

Não nos permitamos dúvidas, em face da vitória da dissolução dos costumes ou diante da licenciosidade enlouquecedora.

Quem fizesse o confronto entre Cristo e César, naquela tarde inesquecível, veria no último o triunfador, no entanto, era Jesus o Rei que retornava à glória solar, enquanto o outro logo mais desceria ao túmulo, confundindo-se na perturbação...

Os valores que passam apenas transitam... Não nos fascinemos com eles, nem os persigamos.

Nossas são a taça de fel, a pedrada, a difamação, quiçá a cruz...

Depois de tudo consumado, porém, conforme acentua o Mestre: *"Os primeiros serão os últimos e os últimos serão os primeiros no Reino dos Céus".*

Não será fácil. Nada é fácil. O fácil de hoje foi o difícil de ontem, será o complexo de amanhã. Quanto adiemos agora aparecerá, depois, complicado, sob o acúmulo dos *juros* que se capitalizam ao *valor* não resgatado.

Aclimatados à atmosfera do Evangelho, respiremos o ideal da crença...

...E unidos uns aos outros, entre os encarnados e com os desencarnados, sigamos.

Jesus espera: avancemos!

## Anotações

Anotações

## Anotações

Anotações

Este livro foi impresso na
LIS GRÁFICA E EDITORA LTDA.
Rua Felício Antônio Alves, 370 – Bonsucesso
CEP 07175-450 – Guarulhos – SP
Fone: (11) 3382-0777 – Fax: (11) 3382-0778
lisgrafica@lisgrafica.com.br – www.lisgrafica.com.br